개정신판

PIANO COVER FOR

JANNABI

장소라 저

태림스코어

목 차

이지 버전

(계이름 수록)

연주 버전

목 차

반주 버전

부록

Easy Version

이지 버전

주저하는 연인들을 위해
She
나는 볼 수 없던 이야기
가을밤에 든 생각

주저하는 연인들을 위해

- 작사 잔나비 JH
- 작곡 잔나비 JJ, 잔나비 YH, 잔나비 JH, 잔나비 DH

13
F Fm C2 Fm
라 도 레 도 라♭ 도 | 솔 | 라♭ 도 도 라♭ 도 도레
파 라 도 파 라♭ 도 | 도 솔 도 솔 레 솔 도 | 파 라♭ 도 파 라♭ 도

16
Em A Dm7 G7
미 솔 솔 미 라 솔 파 | 미 라 도 라시도레 | 미 파 레 솔 파
시
미 솔 시 라 도♯ 미 | 레 라 도 | 파 솔
솔

19
C E7(♭9) Am C7/G F Fm6
미 파 미 라♯ 시 | 레 도 도 도 | 라솔라 미 레 도 시 도
도
도 미 솔 솔♯ | 라 미 시♭ | 파 라 도 라♭
미 미 파

22
C F B7 Em Am
솔 도 | 도 시 시 라 라 솔 파♯ | 솔 미 미 레 도 미
도 솔 도 솔 레 솔 도 | 라 레♯ | 솔 도
파 시 미 라

25
FM7 G7(♭9) C2 F B7
1.
미 라 라♭ 파 미 시 | 도 미 파 솔 | 라 도 시 레♯ 라
파 도 시 | 도 미 솔 미 도 | 파 도 파 시 파♯ 라
솔

28
Em Am F G7(♭9) C
솔 미 도 라 파 파 도 도 라♭ 도 미 파 미 솔
미 솔 시 라 미 라 파 도 파 파 도 솔 라 솔
라 도

31
FM7 D/F♯ G C E7(♭9) Am C7/G
2.
미 라 라 파 미 도 레 솔 파 미 미 파 미 라♯시 레 도 도 도
라 시 도
파 라 도 파♯라 레 솔 레 솔 라 시 솔 도 미 솔 시 라 미 시♭
솔♯ 솔

35
F Fm6 C F B7 Em Am
라솔라 미 레 도 시 도 솔 도 도 시 시 라 라 솔 파♯ 솔 미 미 레 도
미
파 라 도 라♭ 도 솔 도 솔 레 솔 도 라 레♯ 솔 미
파 파 시 미 라

39
Am7 FM7 G7(♭9) C Em/B Am C/G
도 미 미 라 라♭파 미 시 도 미 미미 미 파 솔 도
솔
미
파 도 시 도 미 솔 미 시 미 솔 미 라 도 미 도 솔 도 미 도
솔

43
F G Am G7/B C Em/B Am C/G
라 솔 도 레 미 파 솔 라 솔 파 미 레 도 도 도
도 시 도 레 미
파 도 파 도 솔 도 파 도 솔 레 솔 레 라 시 도 미 솔 미 시 미 솔 미 라 도 미 도 솔 도 미 도

47 F G Am G7/B C Em/B Am C/G

라솔라 파 미 파 레 미 파 솔 미 미미 미 파 솔 솔 도 도 시
시 도 레

파 도 파 도 솔 도 파 도 솔 레 솔 레 라 시 도 미 솔 미 시 미 솔 미 라 도 미 도 솔 도 미 도

51 F G C Em/B Am C/G

라 파 파파 도 미 레 솔 미 미미 미 파 솔 솔 도 도 시
도 솔

파 도 파 도 파 도 파 도 솔 시 솔 라 시 솔 솔 솔 미 시 미 솔 미 라 도 미 도 솔 도 미 도
도

55 F G C Em/B Am C/G

라 파 파파 도 미 레 도 솔 도 미솔 미 라 미 파 미 레 도
도 솔 도

파 도 파 도 파 도 파 도 솔 레 솔 라 시 솔 도 미 솔 미 시 미 솔 미 라 도 미 도 솔 도 미 도

59 F G C Em/B Am C/G

라 파 라 도 미 레 도 도 도 미솔 미 라 미 파 미 레 도
도 솔 도

파 도 파 도 파 도 파 도 솔 레 솔 라 시 솔 도 미 솔 미 시 미 솔 미 라 도 미 도 솔 도 미 도

63 F G C

솔 라 라 도 미 레 도 도
도 솔 솔
미

파 도 파 도 파 도 파 도 솔 레 솔 라 시 솔 도
솔
도

She

- 작사 잔나비 JH
- 작곡 잔나비 JJ, 잔나비 YH, 잔나비 JH, 잔나비 DH

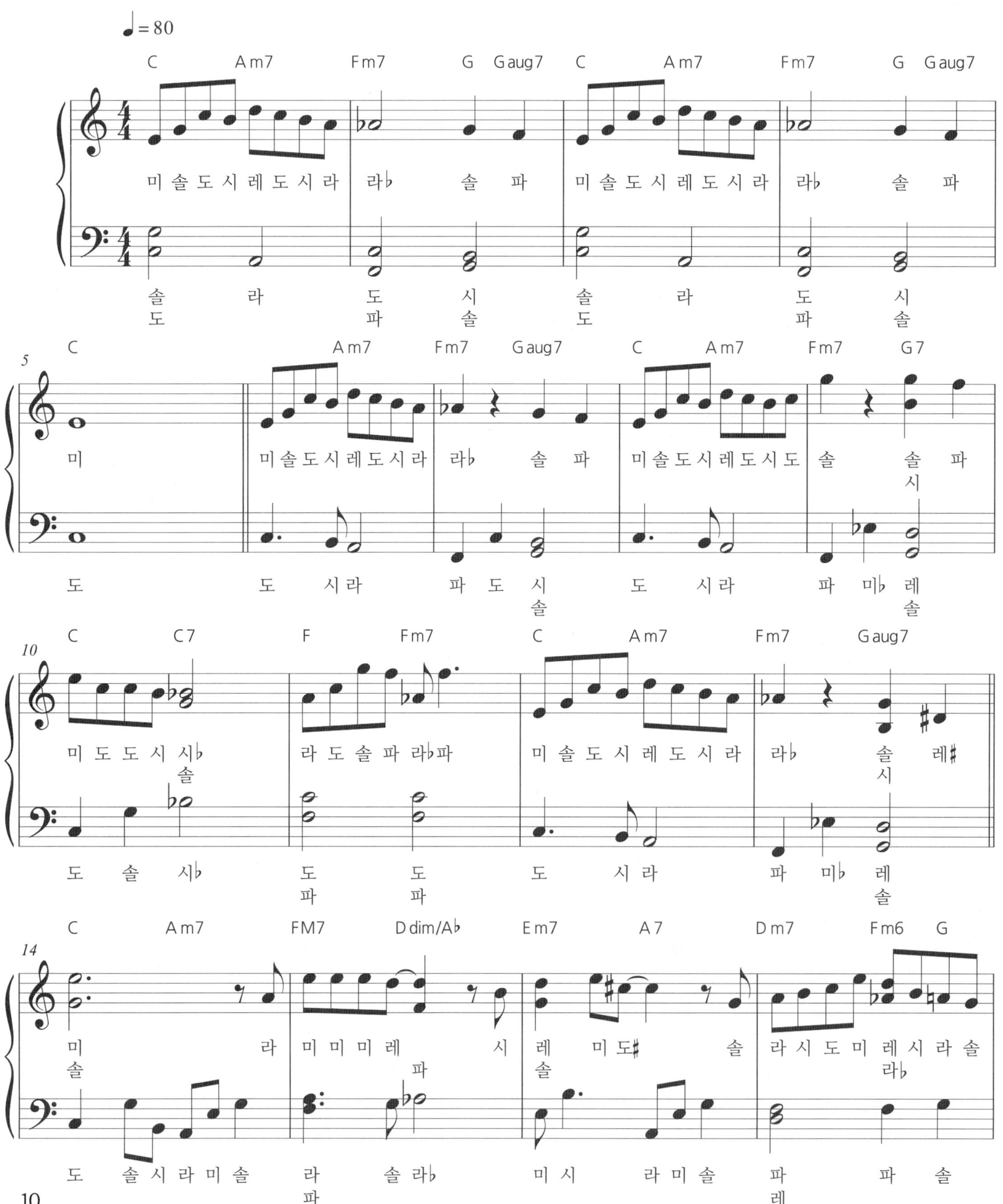

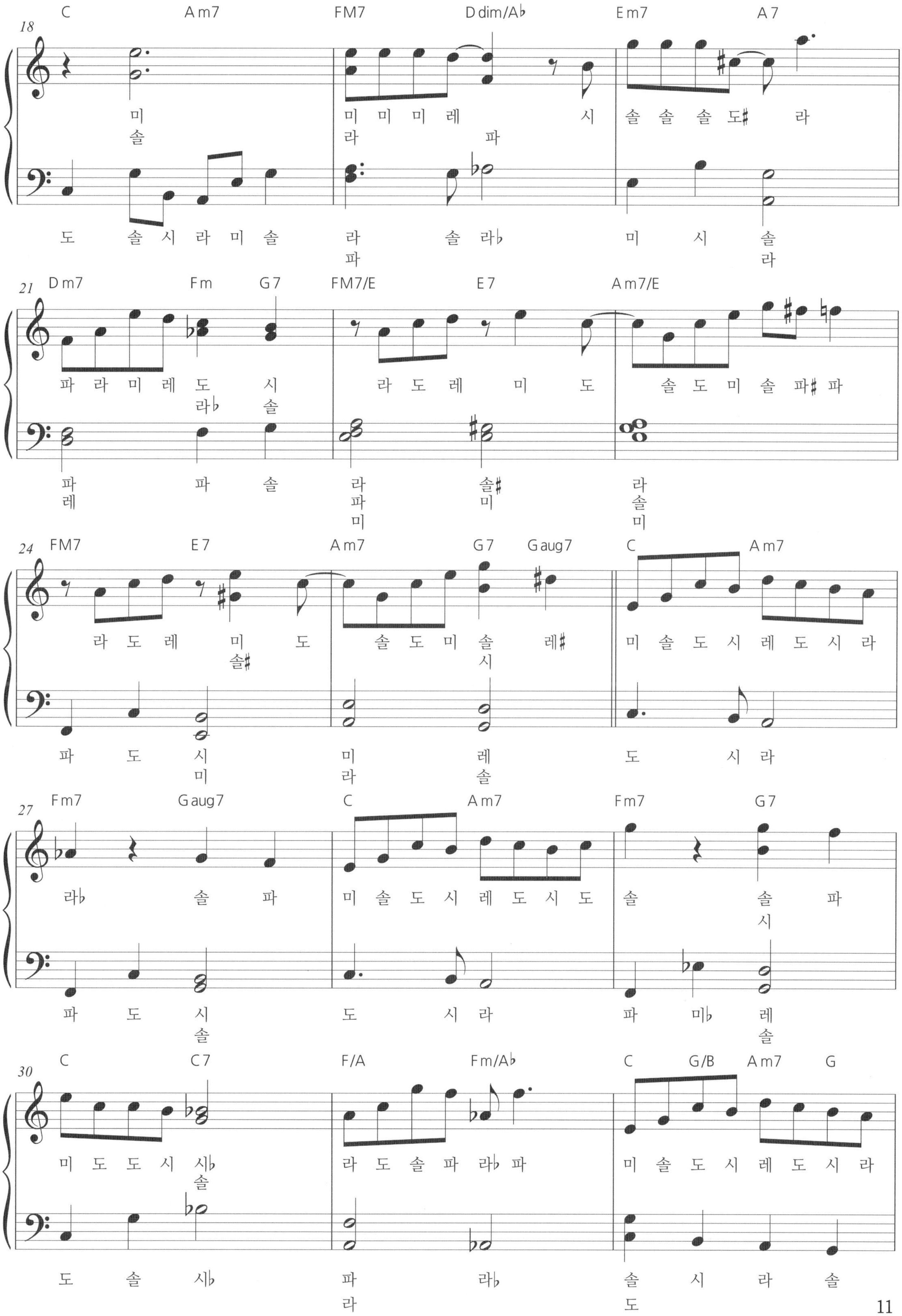

18 C Am7 FM7 Ddim/A♭ Em7 A7

미 미 미 미 레 시 솔 솔 솔 도♯ 라
솔 라 파

도 솔 시 라 미 솔 라 솔 라♭ 미 시 솔
파 라

21 Dm7 Fm G7 FM7/E E7 Am7/E

파 라 미 레 도 시 라 도 레 미 도 솔 도 미 솔 파♯ 파
라♭ 솔

파 파 솔 라 솔♯ 라
레 파 미 솔
미 미

24 FM7 E7 Am7 G7 Gaug7 C Am7

라 도 레 미 도 솔 도 미 솔 레♯ 미 솔 도 시 레 도 시 라
솔♯ 시

파 도 시 미 레 도 시 라
미 라 솔

27 Fm7 Gaug7 C Am7 Fm7 G7

라♭ 솔 파 미 솔 도 시 레 도 시 도 솔 솔 파
시

파 도 시 도 시 라 파 미♭ 레
솔 솔

30 C C7 F/A Fm/A♭ C G/B Am7 G

미 도 도 시 시♭ 라 도 솔 파 라♭ 파 미 솔 도 시 레 도 시 라
솔

도 솔 시♭ 파 라♭ 솔 시 라 솔
라 도

33 Fm7 Fm6/A♭ Gaug | C Am7 | FM7 Ddim/A♭

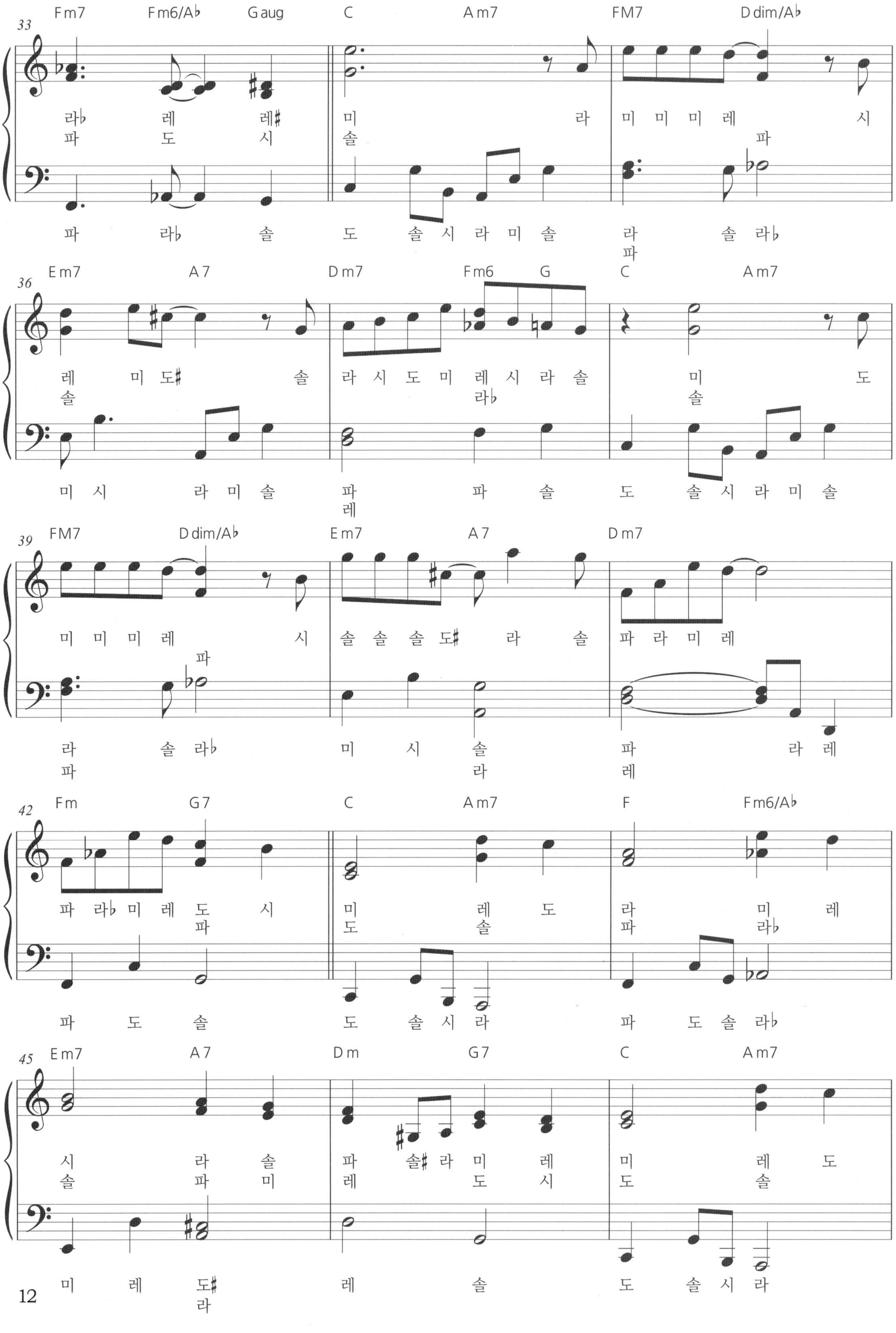

라♭ 레 레♯ | 미 라 | 미 미 미 레 시
파 도 시 | 솔 | 파

파 라♭ 솔 | 도 솔 시 라 미 솔 | 라 솔 라♭
파

36 Em7 A7 | Dm7 Fm6 G | C Am7

레 미 도♯ 솔 | 라 시 도 미 레 시 라 솔 | 미 도
솔 | 라♭ | 솔

미 시 라 미 솔 | 파 파 솔 | 도 솔 시 라 미 솔
레

39 FM7 Ddim/A♭ | Em7 A7 | Dm7

미 미 미 레 시 | 솔 솔 솔 도♯ 라 솔 | 파 라 미 레
파

라 솔 라♭ | 미 시 솔 | 파 라 레
파 | 라 | 레

42 Fm G7 | C Am7 | F Fm6/A♭

파 라♭ 미 레 도 시 | 미 레 도 | 라 미 레
파 | 도 솔 | 파 라♭

파 도 솔 | 도 솔 시 라 | 파 도 솔 라♭

45 Em7 A7 | Dm G7 | C Am7

시 라 솔 | 파 솔♯ 라 미 레 | 미 레 도
솔 파 미 | 레 도 시 | 도 솔

미 레 도♯ | 레 솔 | 도 솔 시 라
라

F Fm6/A♭ Em A7(♭9) Dm G7 C

48

라 미 파 솔 파♯솔 시♭라 미 파 미 파 미 레 미
파 라♭ 시 도 시 도

파 도 솔 라♭ 미 레 도♯ 레 파 솔
라 솔 도

FM7 Fm6 Em7 A/C♯ Dm7 Fm6 G

52

미 미 미 레 도 레 레 미 도♯ 솔 라 시 도 미 레 시 라 솔
라 라♭ 솔 솔 라♭

도 레 시 라 레 레 파 솔
파 미 도♯

C Am7 FM7 Ddim/A♭ Em7 A7

55

미 도 미 미 미 레 시 솔 솔 솔 도♯ 라
솔 라 파

도 솔 시 라 미 솔 도 솔 라♭ 레 미 레 도♯
파 라

58 Dm7 Fm7 G FM7 E7

파 라 미 레 라♭ 도 솔 파 미 레 라 도 레 미 도
도 시 솔♯

도 미 파 라 도 레 도 레
레 파 솔 파 미

61 Am7/G FM7 E7 Am7 G

솔 도 미 솔 파♯ 파♮ 라 도 레 미 도 솔 도 미 솔
솔♯ 시

도 도 레 도 레
라 파 미 라 솔
솔

나는 볼 수 없던 이야기

- 작사 잔나비 JH
- 작곡 잔나비 JJ, 잔나비 YH, 잔나비 JH, 잔나비 DH

13 Bm7(♭5) B♭m/F F D7(♭9)/F♯

시 시♭ 시♭ 시♭ 레♭ 레♭ 시♭ 라 라 미♭ 레 도 레

시 파 라 파 라 파 레♭ 레♭ 파 레♭ 레♭ 파 도 도 파♯ 레 레

16 Gm B♭m F Em A

도 시♭ 파 솔 파 파 파 솔 라 라 레 미

솔 레 레 레♭ 시♭ 파 도 도 파 도 도 미 시 시 라 도♯ 도♯

19 Dm F/C B♭ G/B C C7/G

파 미 미 레 라 파 레 시♭ 솔 파 솔 미 라 파 시♭ 솔 라 시♭

레 라 라 도 라 라 시♭ 파 파 시 솔 솔 도 시♭ 솔

22 F/A A/C♯ Dm /C G7/B B♭ B♭m

도 라 라 도♯ 라 도♯ 미 파 미 파 라♭ 솔 파 파 시♭ 레♭

라 파 파 도♯ 라 라 레 도 솔 시 시♭ 파 파 시♭ 파 파

25 F B♭m7/F F

1.

파 라 시♭ 레♭ 파 라♭ 솔 파 레♭ 도

파 도 도 파 도 도 파 레♭ 레♭ 파 레♭ 레♭ 파 도 도 파 도 도

28
B♭m7/F | Dm | G/B
2.
시♭ 레♭ 파 시♭ 도 | 파 도 파 솔 라 | 솔 라 솔
라 | 레
파 레♭ 레♭ 파 | 레 라 라 레 라 라 | 시 솔 솔 시 솔 솔

31
B♭ C7 | F7 | B♭m
레 파 파 솔 라 솔 파 도 | 라 라 시♭ 도 | 레♭ 도 시♭
파 솔 라 | 시♭
시♭ 파 파 도 시♭ | 시♭ 파 도 미♭ 도 미♭ 도 미♭ 도 | 시♭ 파 파 시♭ 파 파

34
F C/E Dm | B♭m | F/A C7/G
라 도 솔 파 | 시♭ 도 레♭ 시♭ | 라 솔
도 시♭
도 미 라 파 | 파 솔 라 | 시♭ 라 솔
파 레 | 레♭
시♭

37
F | B♭ B♭m | F Faug
라 파 | 파 레♭ | 파
도 | 시♭ | 라
파 도 도 파 | 시♭ 파 파 시♭ 파 파 | 파 도 도 파 도♯ 도♯
D.S. al Coda

40
Dm/F F7 | B♭ B♭m6 | F
시♭ 레 솔 파 시♭ | 파 파
레♭ | 라 라
파 레 레 파 미♭ 미♭ | 시♭ 파 솔 | 도 파
시♭ | 파
8vb

가을밤에 든 생각

작사 최정훈
작곡 최정준, 최정훈, 김도형

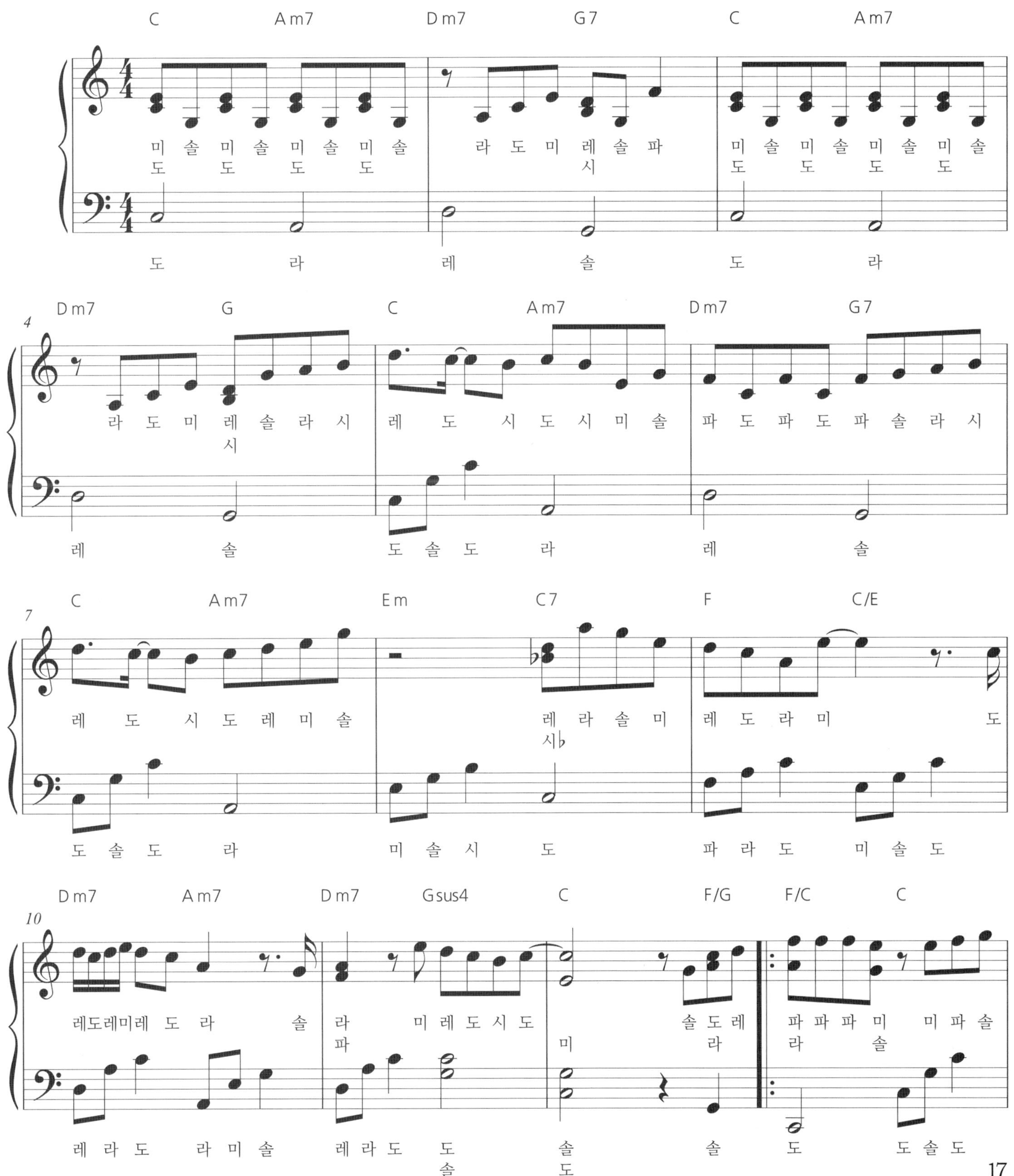

Am A/C♯ Dm7 G7 C C/B♭

14

시 시 시 라 미 솔 파파 라 시 시 도 레 솔 도 시 시♭ 솔 도 미
미 미 솔

라 시도 도♯ 미 라 레 라 도 시 도 솔 시♭
솔

F/A Fm/A♭ C/G F♯m7(♭5) C/G G7sus4 G7

17

1.

파 라 라♭파 솔파 미 솔 도 시 라 솔 솔파미 미 파 레 시
도 미 미 도 도

라 도 파 라♭도 파 솔 도 미 미 솔 도 미 솔 도 파
도 솔
파♯

C Am7 Dm7 G7 C Am7 Dm7 G7

21

도 미 미 솔 파♯ 파♮ 미 레 솔 라 시 레 도 시 도 시 미 솔 파 도 파 도 파 솔 라 시
미 도 시

도 솔 라 미 솔 레 라 도 파 도 솔 도 라 미 솔 레 솔
솔

C Am7 Em7 C7 F C/E

25

레 도 시 도 레 미 솔 레 라 솔 미 레 도 라 미 솔 도 도
시♭ 라

도 솔 도 라 미 솔 미 솔 시 도 파 라 도 미 솔 도

Dm7 Am7 Dm7 Gsus4 C Am7

28

레도레미레 도 라 솔 라 미 레 도 시 도 라 솔 라 도
파 미 미

레 라 도 라 미 솔 레 라 도 도 도 솔 라 솔
솔

Dm7 G7sus4 C Am7 Dm9 Gsus4

31

미 솔 미 레 미 레도 라 솔 솔 라 도 미 솔 도 레
미 라

레 라 도 도 도 솔 라 솔 레 라 도 시 솔
솔 솔

G7sus4 Csus4 C Am7 A7

34

2.

미 레 파 솔 도 레 파 미 미 파 솔 레 도♯ 미 솔
도 라 라 솔 시 도♯

솔 레 파 솔 도 도 솔 도 라 미 솔 라 미 솔

37 Dm7 G7 C C7/B♭ F/A Fm/A♭

파 라 미 레 도 시 레 솔 도 시 시♭ 솔 도 미 파 라 라♭ 파 솔파
파 미 솔 라

레 라 도 솔 레 파 도 솔 솔 라 도 파 라♭ 도 파
시♭

C/G F♯m7(♭5) C/G G7sus4 G7 C Am7

40

3 3

미 솔 도 시 라 솔 솔파미 미 파 레 시 솔 솔 미 레 도도 솔 파♯
도 미 미 도 도 솔

솔 도 미 도 솔 도 미 솔 도 파 도 솔 도 라 미 솔
라 솔
파♯

Dm7 G7 C Am7 Dm7 G7 C

44

파 미 도♯레 시 도 솔 라솔 라 도 솔 파미레 파 미 도 미 솔
솔 미 미 미 도 도 미 솔 미
도

레 라 도 파 도 솔 도 라 미 솔 레 라 도 시 도
솔 솔 솔
도

Original Version

연주 버전

뜨거운 여름밤은 가고 남은 건 볼품없지만
주저하는 연인들을 위해
She
여름 가을 겨울 봄
달
꿈과 책과 힘과 벽
밤의 공원
슬픔이여 안녕
투게더!
외딴섬 로맨틱
가을밤에 든 생각

뜨거운 여름밤은 가고 남은 건 볼품없지만

- 작사 잔나비 JJ, 잔나비 YH, 잔나비 JH, 잔나비 DH
- 작곡 잔나비 JJ, 잔나비 YH, 잔나비 JH, 잔나비 DH

9
E♭ E♭add2 /D

그 - 대 - - 는 또어 떤 마음 이 었
다 - 짐 - - 은 세워 올 린 모 래

11
Cm7

- 길 - - 래
- 성 - - 은

13
Fm7 E aug A♭/E♭

그 모 든 - 걸 갖 - 고 도 - 돌 아 서 버 - 렸 나
심 술 이 - 또 터 - 지 면 - 무 너 지 겠 - 지 만

15
A♭m B♭ A♭/B♭

- 헤 이 예 예 예 예

17
E♭ B♭/D B♭m/D♭ C7 Fm7 E aug

뜨 거운 - 여 름 밤은 - 가고 - 남 - 은 건 - - - -

20
Ab/Eb Bb7 Eb Bb/D Gdim/Db C7

볼 품 없 지만 – 또 –다 시 찾 아– 오 는 누 군갈

23
Fm Abm Bb7 Eb Abm Bb7 Ebadd2

1.

– 위 해 서 남 겨 두–겠소 –

26
Ebadd2 /D Cm7

29
Fm7 Eaug Ab/Eb Abm

32
Bb Fm/Ab Gm7 Ddim/F Eb Bb/D Bbm/Db C7

2.

그 리운– 그 마 음그– 대로– 내–맘 에

35
Fm7 Eaug Ab/Eb Bb7 Eb Bb/D
– – – – 담 아 둘 거야– 언 –젠 가

38
Gdim/Db C7 Fm Abm Bb7 Eb Abm Bb7
불 어– 오 는 바 람에 – 남 몰 래 날 려 보–겠소 –

41
Eb Bb/D Bbm/Db C7 C/E Fm Eaug
눈이부시 던 그순– 간 들도 가슴아픈그 대 의– 거 짓 말도 –

44
Ab/Eb Bb7 Eb Bb/D Db6 C7 C/E
새하얗게바래지고– 비틀거리 던 내발– 걸 음도 그늘아래드 리 운– 내 눈 빛도

47
Fm Eaug Ab/Eb Bb7 Eb Bb/D
– 아름답게피어나길– 눈이부시던 그순– 간들–도

Db6 C7 C/E Fm E aug Ab/Eb Bb7

50

가슴아픈그 대 의 - 거 짓 말도 - 새하얗게바래지고 -

Eb Bb/D Bbm/Db C7 C/E Fm E aug

53

비틀거리던 내발 - 걸음 - 도 그늘아래드 리 운 - 내 눈 빛도 -

Ab/Eb Bb7 Eb Bb/D Bbm/Db C7

56

아름답게피어나길 -

rubato

Fm7 E aug Ab/Eb Bb7 Eb Bb/D

59

G dim/Db C7 Fm Abm Bb7 Eb

62

주저하는 연인들을 위해

작사 잔나비 JH
작곡 잔나비 JJ, 잔나비 YH, 잔나비 JH, 잔나비 DH

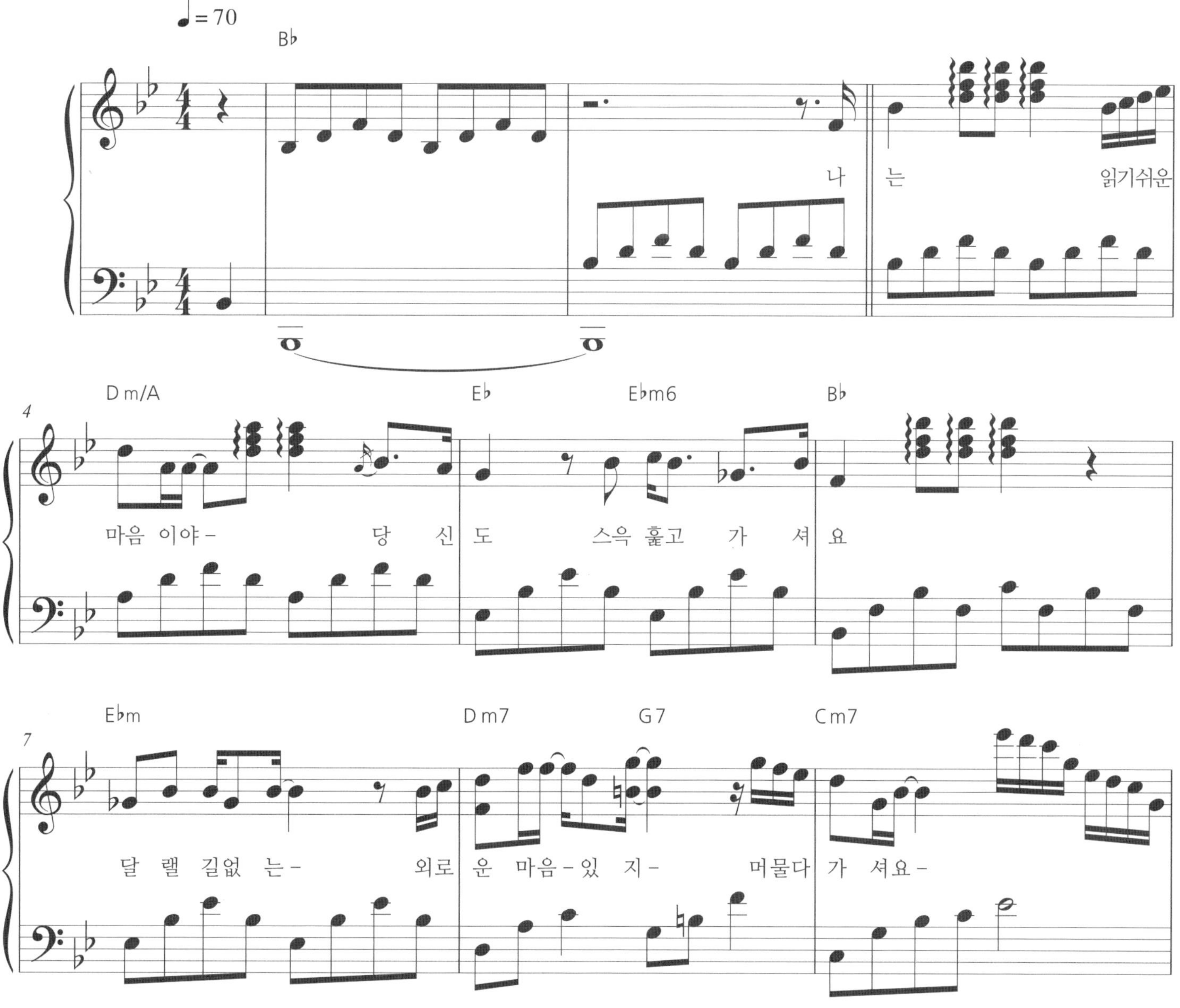

10

F7 B♭ Dm/A

음 – – – 내 게 긴여운을남 겨 줘요– 사 랑

13

E♭ E♭m6 B♭ B♭7 E♭m

을 사랑을 해 줘 요 할 수 있 다면– 그럴

16

Dm7 G7 Cm7 F7

수 만있–다 면– 새하얀 빛 으로– 그댈비춰 줄 게요– 그 러

19

B♭ D7(♭9) Gm7 A♭/B♭ E♭ E♭m6

다 밤 이 찾 아 오 면 우 리 둘만의 비 밀 을새 겨

22

B♭ E♭M7 A7 Dm Gm7

요 추 억 할 그 밤 위 에 갈 피 를 꽂 고 선 남

25
E♭M7 F7(♭9) B♭ E♭ A7 Dm Gm
1.
몰 래 펼 쳐 – 보아 요

29
E♭ F7(♭9) B♭ Dm/A
나 의 자라나는 마 음을– 못 본

33
E♭ E♭m6 B♭ F E♭m Dm7 G7
채 꺾어 버릴 순 없 네 미련남 길 바엔– 그리 워 아 픈게나아– 서둘러

37
Cm7 F7 E♭M7 C/E F E♭/F
2.
안겨본 – 그 품은따스 할 테니– 그 러 몰 래 펼 쳐 – 보아 요 언 젠 가–

41
B♭ D7(♭9) Gm7 A♭/B♭ E♭ E♭m6 B♭
– 또그날 이 온 대 도 우 린 서둘러 뒤 돌 지말 아 요 – 마

E♭M7 A7 Dm7 Gm7 E♭M7 F7(♭9)

45

주보던그대로 뒷 걸음치면서 서 로 의 안 녕을 – 보아

rit. *a tempo*

B♭ /A Gm B♭/F E♭ F Gm7 F7/A

49

요

B♭ F/A Gm B♭/F E♭ F Gm7 F7/A

53

B♭ /A Gm7 B♭/F E♭ B♭/F F/A F7

57

피 고 지는 마음을알아요 다 시 돌 아온 계 절 – 도

B♭ /A Gm B♭/F E♭ B♭/F F/A F

61

난 한 동안 새활짝피었다 질 래 또 한번 영 원 히 – –

B♭ /A Gm B♭/F E♭ B♭/F F/A F

65

– 그럼에도 내사 – 랑 은 또 – 같은꿈을 꾸 고 – – –

B♭ /A Gm B♭/F E♭ B♭/F F/A F

69

– 그럼에 도 꾸던 – 꿈 을 난 또 미루진않을 거 야 – – –

B♭ /A Gm B♭/F E♭ B♭/F F/A F

73

–

B♭ F/A Gm7 Dm/A E♭M7 E♭m E♭m6 B♭

77

Em7(♭5) A7 Dm7 Gm7 E♭M7 F7(♭9) B♭

81

rit.

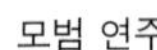

♩ = 80

A F♯m7 Dm7 E Eaug7 A F♯m7

4 Dm7 E Eaug7 A F♯m7

She – – is e - very -

7 Dm7 Eaug7 A F♯m7 Dm7 E7

thing to me 지 친 나 를 감 싸 안 아 줄 그 대

10 A A7/G D Dm7 A F♯m7

나 를 반 겨 줄 천 사 같 은 이 름 Woo – – – – – – – –

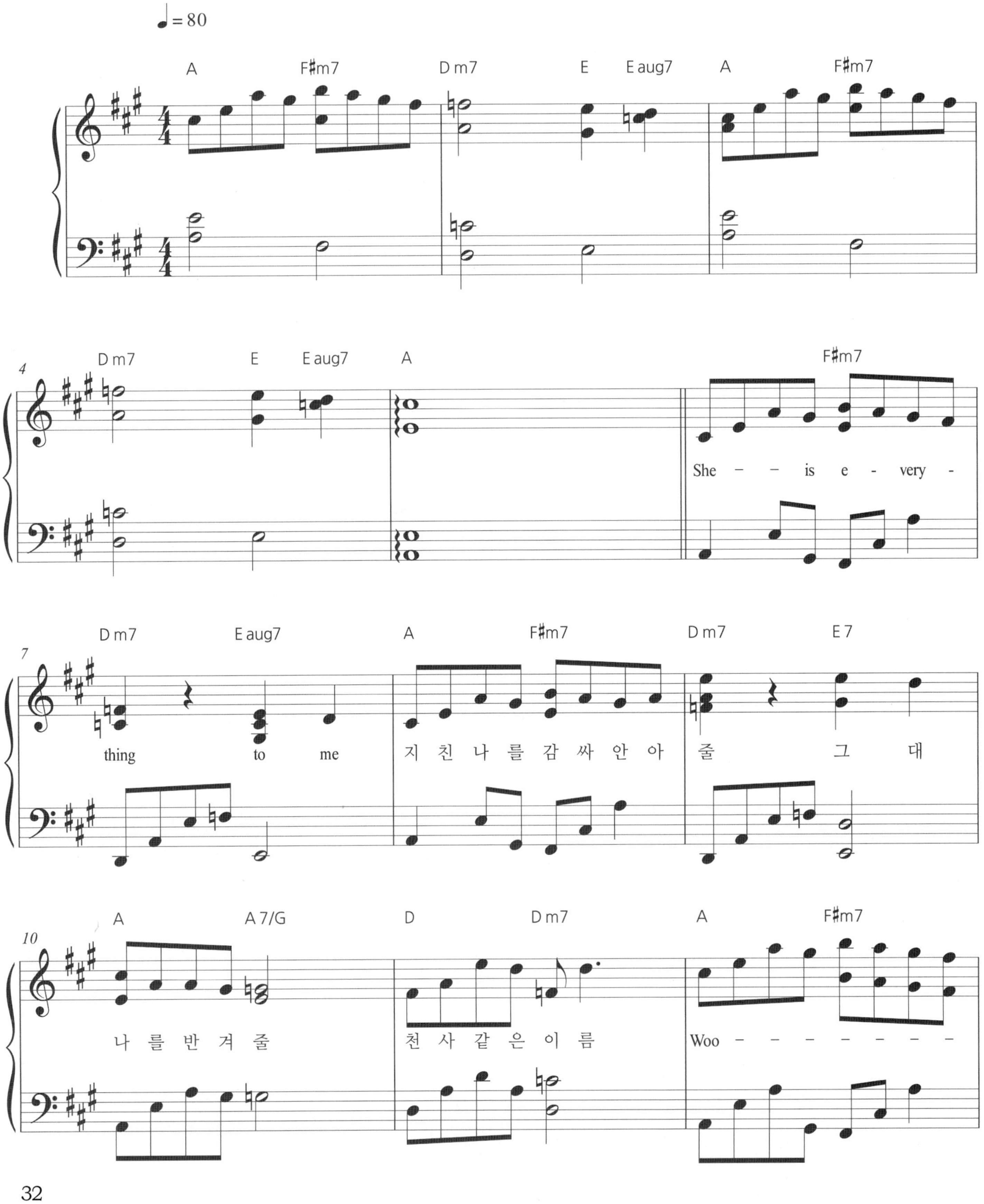

13
D m7 E 7 E aug7 | A F♯m7 | D M7 B dim/F
She | She 그 | 미 소 위 로 – 닻

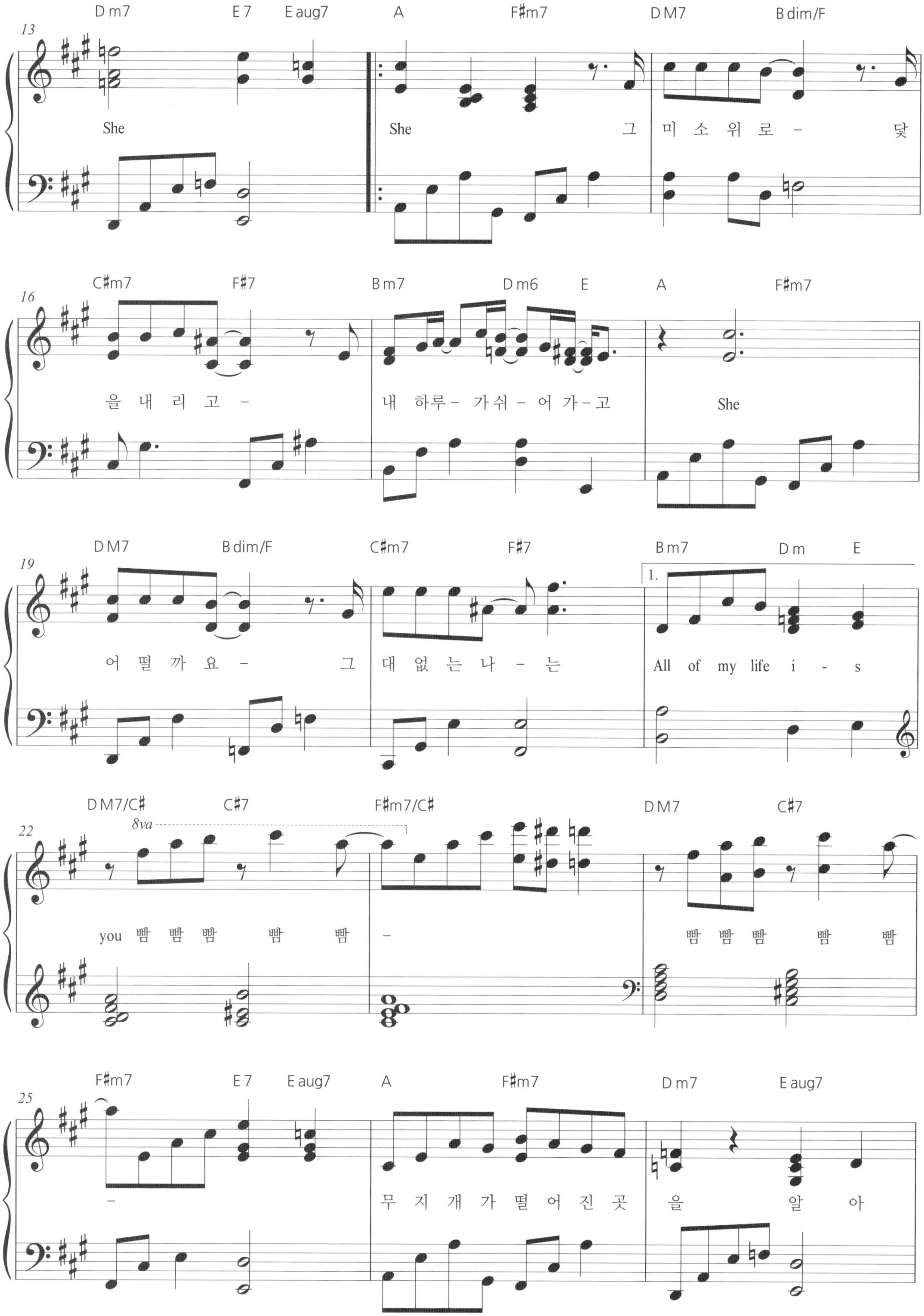

16
C♯m7 F♯7 | B m7 D m6 E | A F♯m7
을 내 리 고 – | 내 하루– 가 쉬 – 어 가 – 고 | She

19
D M7 B dim/F | C♯m7 F♯7 | 1. B m7 D m E
어 떨 까 요 – 그 | 대 없 는 나 – 는 | All of my life i - s

22
D M7/C♯ C♯7 | F♯m7/C♯ | D M7 C♯7
8va
you 빰 빰 빰 빰 빰 | – | 빰 빰 빰 빰 빰

25
F♯m7 E 7 E aug7 | A F♯m7 | D m7 E aug7
– | 무 지 개 가 떨 어 진 곳 | 을 알 아

28
A F♯m7 Dm7 E7 A A7/G
내 일 은 꼭 함 께 가 자 는 그 녀 내손 을 감 싸 쥐는

31
D/F♯ Dm/F A E/G♯ F♯m7 E Dm7 Dm6/F Eaug
용감 한 여 전 사 여 Woo − − − − − − − − She

34
Bm7 Dm E7 A F♯m7
2.
All of my life − all of my life i - s you

37
D Dm6/F C♯m7 F♯7 Bm E7

40
A F♯m7 D Dm6/F C♯m F♯7

43
Bm E7 | A | DM7 Bdim/D

She | 어떤 밤 에 는 – 그

46
C#m7 F#/A# | Bm7 Dm6 E7 | A F#m7

대 와 나 는 – | 길 을잃– 고헤– 매 겠–지 | She

49
DM7 Bdim/F | C#m7 F#7 | Bm7

걸음 맞 춰 서 – | 걷 다 가 보 – 면

52
Dm7 E | DM7 C#7 | F#m7/E

8va

All of my life i - s | you 빰 빰 빰 빰 빰 | –

55
DM7 C#7 | F#m7 | E

빰 빰 빰 빰 빰 | –

여름 가을 겨울 봄

작사 잔나비 JH
작곡 잔나비 JJ, 잔나비 JH

모범 연주

♩=88

D

이 밤

C♯dim F♯7 /A♯ Bm /A E/G♯ E

4

누구의사 - 랑 이 되어 - 춤 을 추 는 가 요 -

G A D /C♯ Bm G /D A

7

찬 겨울다 - 가 고 서야 - 무 릴 지 어 - 낸 - 마음 들 내 사

D C♯dim F♯7 /A♯ Bm /A

11

랑 그애는 또누구의사 - 랑 이 되어 - 피 고 또 피

14
E/G♯ E G A D /C♯ Bm G A
었 던데 찬 계절이- 제 몽 인 듯 - 고갤떨 구- 는 - 내마

18
D Gm D C♯m7♭5 F♯7 /A♯
음 음 나의 사랑은 - 나 를 떠나지- 말 아 주

22
Bm /A G A A♯dim7 Bm C♯dim D D♯dim E
오 한 바 탕 어 지 러운이 봄 날 엔 저 물 어 만 갈 텐

26
A D C♯dim F♯7 /A♯
데 단 념 그일은 어려운일 - 도 아 녜요

29
Bm /A E/G♯ E G A D /C♯ Bm
- 나 는 아 주 잘 해 서 이 토록 무- 던 한 내 가 -

33

G A D C♯m7♭5 F♯ /A♯

좋아질 때- 도 - 있어 요

36

Bm /A E/G♯ E7 G A

39

D /C♯ Bm7 G A D

8va

42

Gm D C♯m7♭5 F♯7 /A♯ Bm /A

음 나의 사랑은 - 나 를 떠 나지- 말 아 주 오

46

G A A♯dim7 Bm C♯dim D D♯dim E A

한 바 탕 어 지 러운이 봄 날 엔 저 물 어 만 갈 텐 데 - - - 봄

D C#dim F#7 /A# Bm /A

50

은 마지막계- 절 이 되어 - 끝 이 나 야

E/G# E G A D /C# Bm

53

해 요 - 저 피어 난- 꽃 을 보 는 -

G A D

56

그냥내 마음이 - 그래 요

C#dim F#7 /A# Bm /A E/G# E

59

G A A#dim Bm C#dim D D#dim E A7 D

62

달

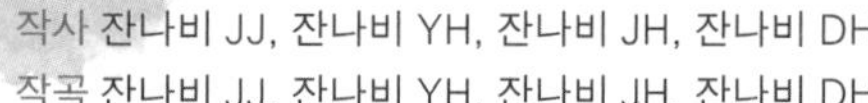
작사 잔나비 JJ, 잔나비 YH, 잔나비 JH, 잔나비 DH
작곡 잔나비 JJ, 잔나비 YH, 잔나비 JH, 잔나비 DH

모범 연주

5
A E/G♯ F♯m7 A7/E D Bm
복 잡 한 내 - 마 음 - 알 릴 길 이 - 없 어

8
E A E/G♯ F♯m7 A7/E
- - 내 표 현 력 이 - 좀 부 족 한 지 아

11
D Bm E A E/G♯
무 말 도 떠 - 오 르 지 - 않 아 하 얗 게 취 - 한 밤

14
F♯m7 Fm7 Gm7 A7 D Bm E
- - - - 날 모 르 던 달 - 빛 도 - - 내

17
A E/G♯ F♯m7 A7/E D Bm7
비 틀 거 림 - 에 안 쓰 러 운 지 - 날 환 하 게 비 - 춰 - 주

20
D/E E D E/D C#m7 F#m7
네 난 그 달 빛 의 - 동 정 섞 인 - 저

23
Bm7 C#7sus4 C# F#m7 Em7 G/A D E/D
환 한 빛 이 싫 어 져 - 조 급 해 진 - 내

26
C#m F#m Bm7 GM7 D/E Esus4
마 음 을 - 못 쫓 아 간 나 - 의 취 한 발 걸 음 - -

29
E Esus4 A E/G# F#m7 Em7 A7
- 하 얗 게 취 - 한 밤 - 날

32
D Bm E A E/G#
모 르 던 달 - 빛 도 - - 내 비 틀 거 림 - 에 안

35
F♯m7 A7/E D E7 D A Esus4
-쓰러운 지 -- 날 환 하 게 비 - 춰 주 네

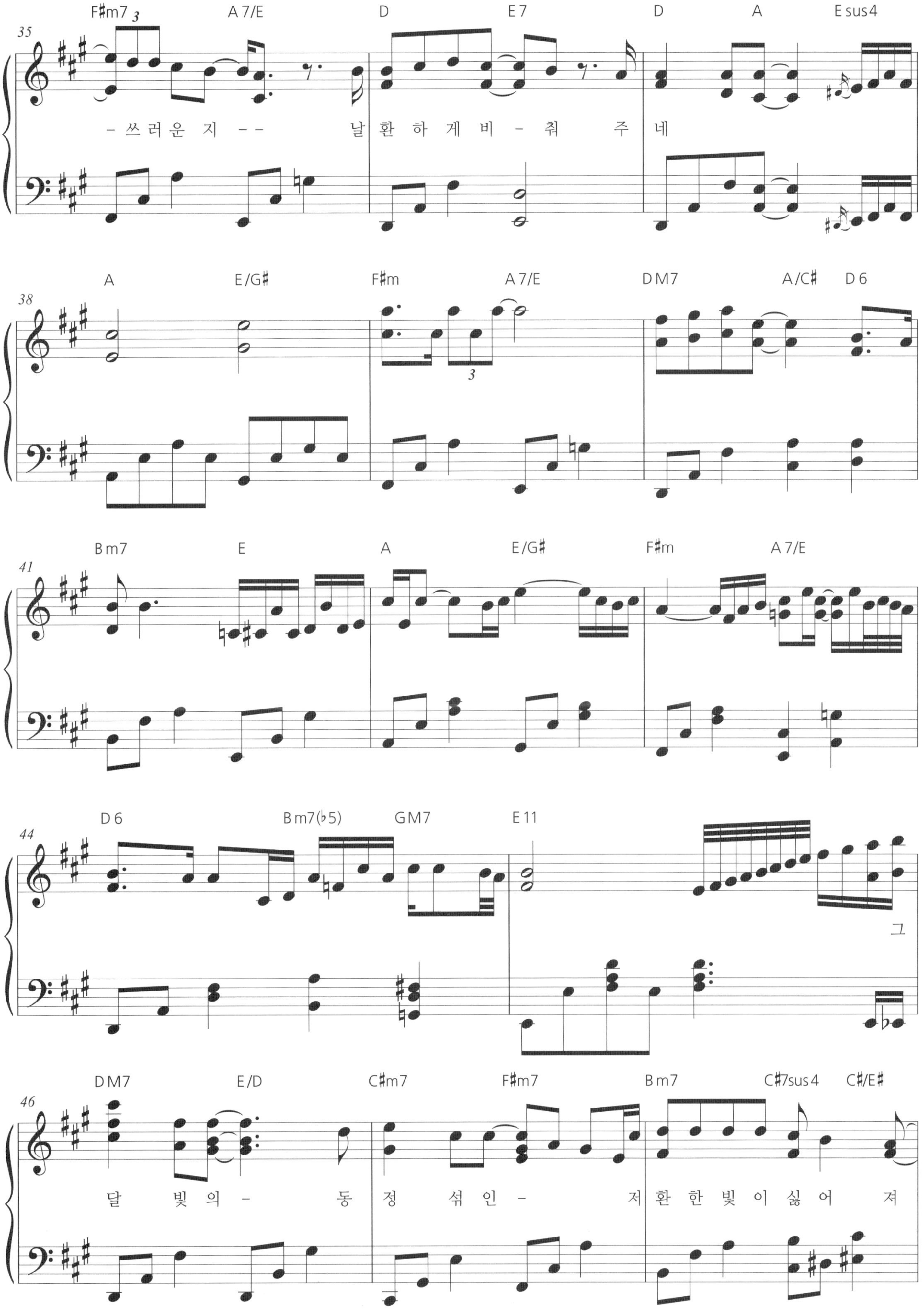

38
A E/G♯ F♯m A7/E DM7 A/C♯ D6

41
Bm7 E A E/G♯ F♯m A7/E

44
D6 Bm7(♭5) GM7 E11
그

46
DM7 E/D C♯m7 F♯m7 Bm7 C♯7sus4 C♯/E♯
달 빛 의 - 동 정 섞 인 - 저 환 한 빛 이 싫 어 져

49
F♯m Fm Em7 E♭7(♯11) D E/D C♯m F♯m7

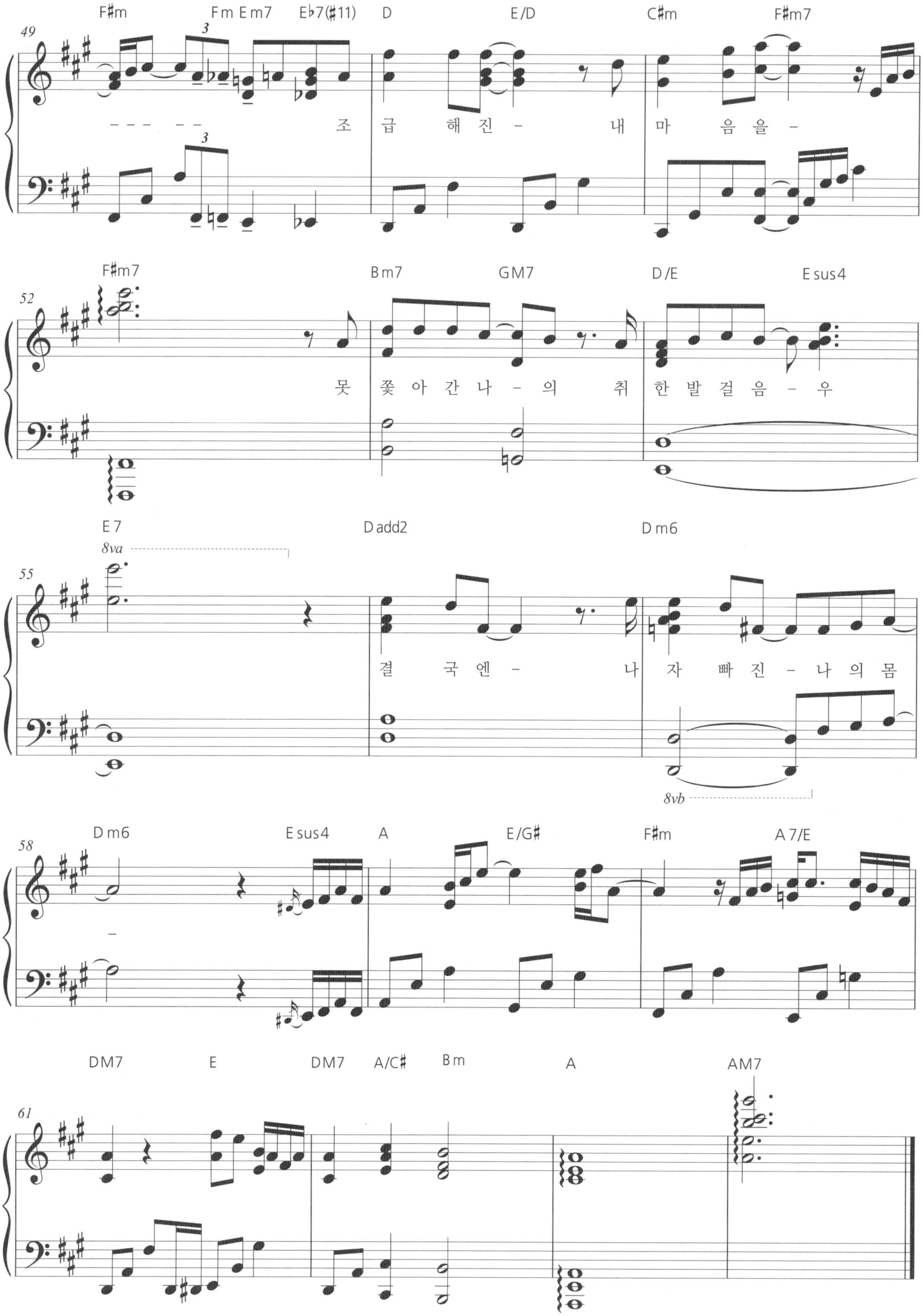

– – – – – 조 급 해 진 – 내 마 음 을 –

52
F♯m7 Bm7 GM7 D/E Esus4

못 쫓 아 간 나 – 의 취 한 발 걸 음 – 우

55
E7 Dadd2 Dm6

8va

결 국 엔 – 나 자 빠 진 – 나 의 몸

8vb

58
Dm6 Esus4 A E/G♯ F♯m A7/E

–

61
DM7 E DM7 A/C♯ Bm A AM7

꿈과 책과 힘과 벽 (In G)

작사 잔나비 JH
작곡 잔나비 JJ, 잔나비 YH, 잔나비 JH, 잔나비 DH

Em7 Bm7 C Bm Am D7

13

보잘것없는 – 나 의 한 숨에 나 들으라고내쉰 숨이더냐 –

Am D7 Am7 D7 G Gaug

16

아버지 내게 – 물 으 – 시고 제발저려난답 – 할 수없 었네 –

Em/G G7 C D7/C

19

우 리 –는– 우 리 –는– 어 째

Bm7 Fm Am7

22

서 어른이된 – 걸까 – 하 – 루하 – 루가 – 참 무거운짐

D7 G Cm G Cm

25

– 이야 – 더는못 갈 거 야 –

28

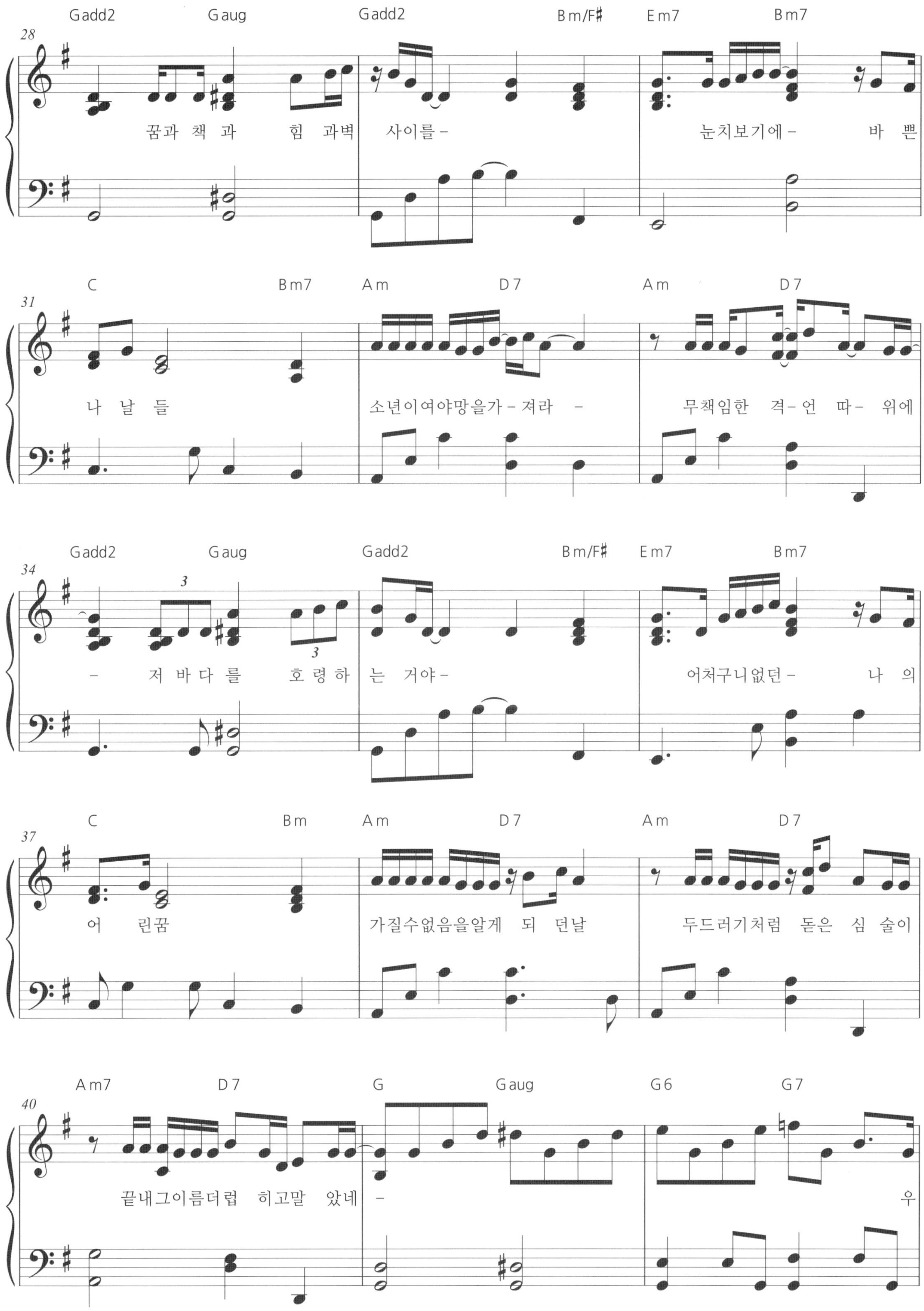

Gadd2 Gaug Gadd2 Bm/F♯ Em7 Bm7

꿈과 책 과 힘 과벽 사이를- 눈치보기에- 바 쁜

31

C Bm7 Am D7 Am D7

나 날 들 소년이여야망을가-져라 - 무책임한 격-언 따- 위에

34

Gadd2 Gaug Gadd2 Bm/F♯ Em7 Bm7

- 저 바 다 를 호 령 하 는 거야- 어처구니없던- 나 의

37

C Bm Am D7 Am D7

어 린꿈 가질수없음을알게 되 던날 두드러기처럼 돋은 심 술이

40

Am7 D7 G Gaug G6 G7

끝내그이름더럽 히고말 았네 - 우

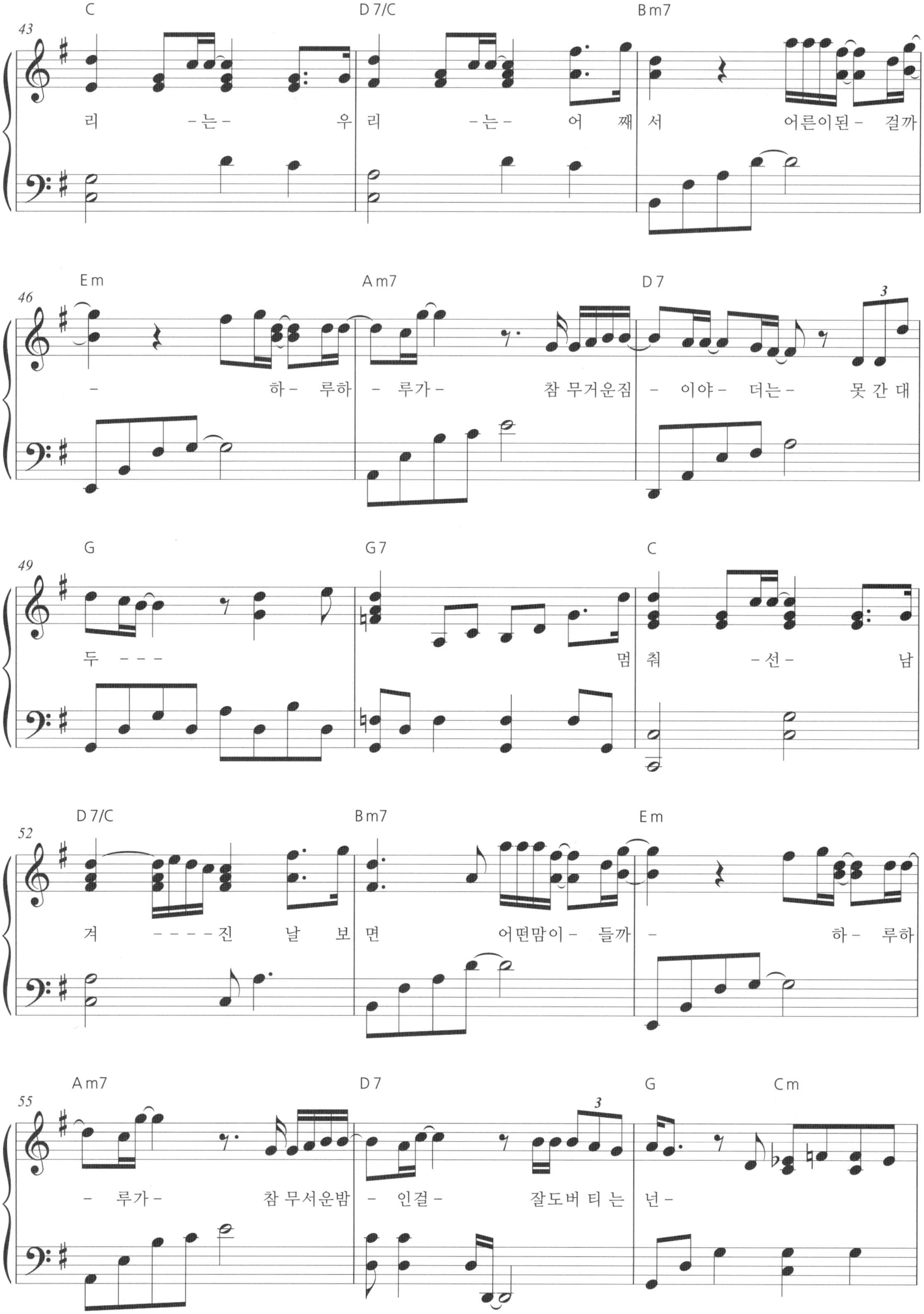

C D7/C Bm7

43

리 -는- 우 리 -는- 어 째 서 어른이된- 걸까

Em Am7 D7

46

- 하- 루하 - 루가- 참 무거운짐 - 이야- 더는- 못 간 대

G G7 C

49

두 - - - 멈 춰 -선- 남

D7/C Bm7 Em

52

겨 - - - -진 날 보 면 어떤맘이- 들까 - 하- 루하

Am7 D7 G Cm

55

- 루가- 참 무서운밤 - 인걸- 잘도버 티 는 넌-

G Cm Am7 D7

58

하 루하 - 루가 - 참 무서운밤 - 인걸 -

G Gaug G B/F♯ Em Bm

61

자 고 나 면 괜 찮아 질 거야 - 하루는더 - 어른이

C Bm Am D7 Am D7 Am D7

64

될 테니 무덤덤한그눈빛을 기 억해 어릴적 본그 - 들 의 - 눈을 - 우린조금씩 닮아야 할

G Gadd2 Gadd2 Bm

68

거야 - 아 - - - - - - - - -

Dm E7 D/F♯ E/G♯ Am D7 Em D/F♯

72

아 - - - - - - - - - 아 - - -

F.O.

밤의 공원

작사 최정훈
작곡 최정준, 최정훈, 김도형

17 Dm7 G7 C

아 름 다 운 밤 이 에 요 –

21 Gm7 C7 FM7

밤 의 공 원 으 로 오 세 요 –

24 FM7 B♭m7 E♭7

그 어 린 광 길 달 래

27 A♭M7 C♯m

러 요 차 가 운

30 F♯ B

– 저 달 – 빛 이 – 사 랑 하 긴 좋 – 아

33
E♭ A♭
요 – 오 그

36
Fm7 B♭m7 E♭ E♭7/D♭
때 내 마 음 은 아 침 이 오 면

39
Cm7 F7 B♭m7
은 초 라 할 작 은 불 빛

42
E♭ A♭ Fm7
또 내 일 은 해 – 가

45
B♭m D♭m /F♭ Cm
뜬 대 요 서 둘 러 떠 나 요

48
F7 Bbm7 Eb7
1.
이 밤 에 취 해 Dream until to

51
Gb E/F♯ B
– mo – rrow

54
B aug B
3 3

57
E B/D♯ B m/D C♯m7 B/D♯

60
EM7 F♯sus4 G
R.H.
L.H.

C Caug Am/C

63

서 둘 러 도 망 친 이 곳 은 밤 의 공 원 그

C7 FM7 Em7 E♭7

66

대 와 나 의 비 밀 을 눈 감 아 줄 –

Dm7 G7 C

69

너 그 러 – 운 밤 이 사 는 – 곳

C Gm7 C7

72

가 끔 저 달 이 – 무

FM7 B♭m7

75

서 워 요 – 곧 나 가

E♭7 A♭M7

78

떨 어 질 것 같 아 어 떡 해

C♯m F♯ B

81

걸 도 는 – 이 사 – 랑 도 – 영 원

B E♭

84

할 순 없 – 다 고

6

E♭9 B G♯m

87

2.

난 사 랑 을 알 아

6

C♯m7 F♯ F♯7/E D♯m7

90

요 어 둠 속 에 피 는 격

93 G♯m7 C♯m7 F♯

정 을 아 는 불 빛

96 B G♯m7 C♯m7

또 내 일 은 해 - 가 뜬 대 도

99 Em /G D♯m G♯7

영 원 할 거 예 요 아 름 다

102 C♯m7 F♯7 G/A

워 요 Dream until to - mo - rrow

105 G/A D D aug

초 록 을 거 머 쥔 우 리 는 여 름

108 Bm/D D7 G

으 로 –

111 D/F♯ Em A

114 D Daug Bm/D D7

푸 르 던 그 빛 을 휘 둘 러 여 름 으 로 –

118 G D/F♯ Em A7

1.

보 기 좋 게 빛 – 나 간 –

뒤 척 이 다 마 – 주 할 –

122 Em A7 D

2.

창 백 한 아 침 이 여 –

슬픔이여 안녕

작사 잔나비 JH
작곡 잔나비 JJ, 잔나비 JH

모범 연주

G♭ C♭m G♭ C♭m

4 G♭ C♭m/G♭ G♭

이 젠 다 잊 어 버 린 걸 아

7 E dim7 E♭ A♭m C♭m G♭/B♭ E♭

니 다 잃 어 버 렸 나 답을 쫓 아 왔는데- 질 문을 두 고온 거야

11 A♭m7 D♭7 G♭ C♭m/G♭ G♭

돌아 서 던길 목 이었어 - 집 에 돌 아 가 누 우 면 나

15
E dim7 E♭ A♭m C♭m

는 어 떤 표 정 지 을까 슬픔 은 손 흔 들며 - 오

18
G♭/B♭ E♭7 A♭m7 D♭7 G♭

느건 지 - 가 는 건지 - 저 어디 쯤 - 에 서 - 있 을 텐데 - 이

21
G♭ /F E♭m7 G♭/D♭ C♭ G♭/B♭

봐 젊 은친 - 구 야 - 잃 어버 - 린 것 들 은 - 잃 어

24
A♭m D♭ G♭ /F E♭m7 G♭/D♭

- 버 린 그 자 리에 가 끔 뒤돌 아보 - 면 은 슬 픔아 - 는

27
C♭ G♭/B♭ A♭m7 D♭ G♭ C♭m

1.

빛 으 로 - 피 어 -

30
E♭7 A♭m C♭m G♭ D♭

33
D♭aug G♭ C♭m/G♭ G♭
R.H.
L.H.
나 는 나 를 미 워 하 고 그

36
E dim7 E♭ A♭m C♭m
런 내가또좋 아지고 - 자꾸 만 아 른 대는- 행

39
G♭/B♭ E♭7 A♭m7 D♭7 G♭
복이 란 단 어 들에 몸서 리 친 적 도 있 어요 -

42
G♭ B♭m E♭m7 B♭m/D♭ C♭ G♭/B♭
2.

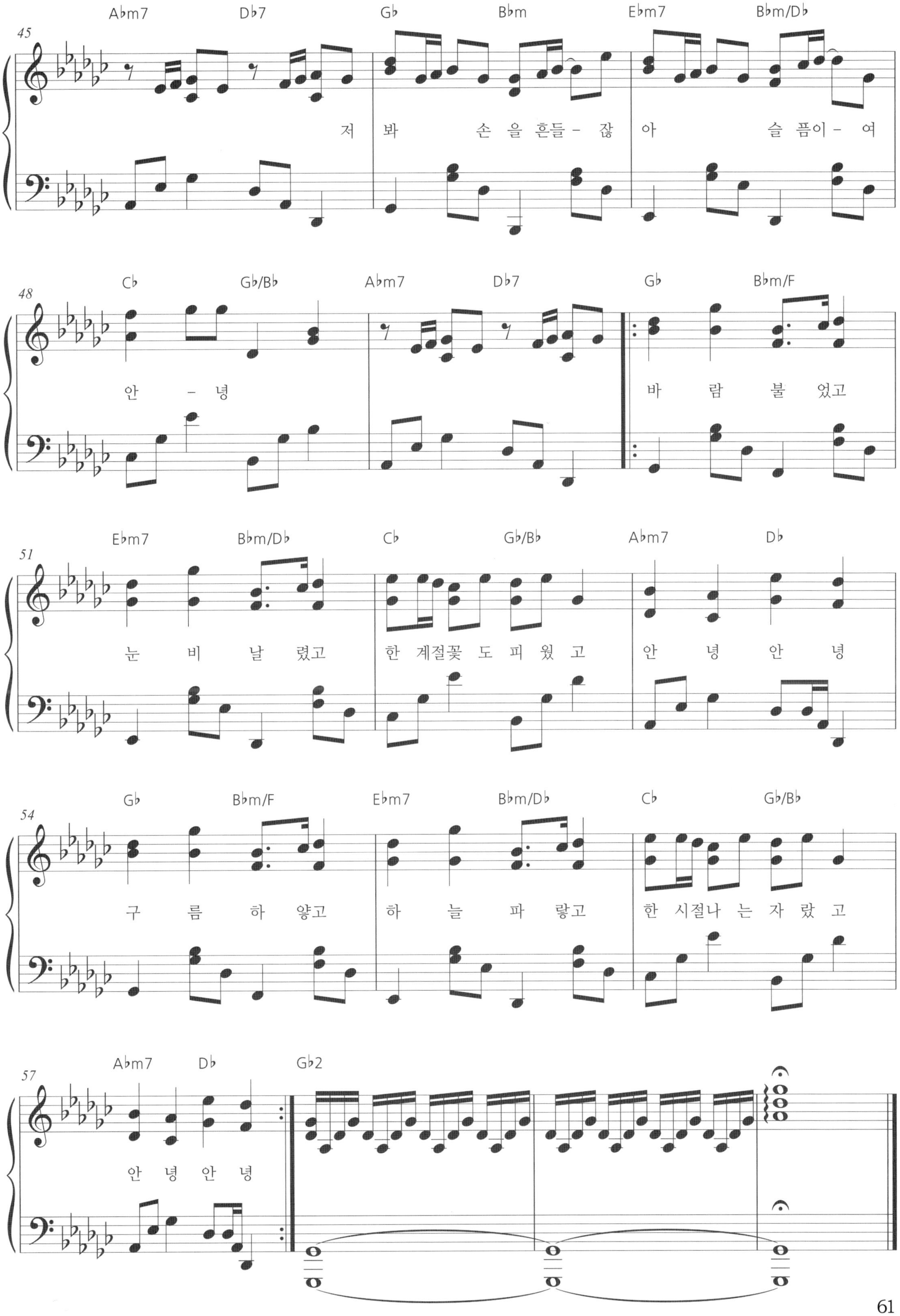

45
A♭m7 D♭7 G♭ B♭m E♭m7 B♭m/D♭

저 봐 손 을 흔들 - 잖 아 슬 픔이 - 여

48
C♭ G♭/B♭ A♭m7 D♭7 G♭ B♭m/F

안 - 녕 바 람 불 었고

51
E♭m7 B♭m/D♭ C♭ G♭/B♭ A♭m7 D♭

눈 비 날 렸고 한 계절꽃 도 피 웠 고 안 녕 안 녕

54
G♭ B♭m/F E♭m7 B♭m/D♭ C♭ G♭/B♭

구 름 하 얗고 하 늘 파 랗고 한 시절나 는 자 랐 고

57
A♭m7 D♭ G♭2

안 녕 안 녕

투게더!

작사 잔나비 JH
작곡 잔나비 JJ, 잔나비 YH, 잔나비 JH, 잔나비 DH

15 Bm7 AM7

- 지 이 름 도 모
천 번 을 접

18 D C♯m7 F♯7

르 는 꽃 에 내 멋 대 로 붙 여 본 꽃 말
어 야 지 만 학 이 되 는 슬 픈 사 연

21 Bm7 C♯m7 Cm7 Bm7

손 대 지 말 아 - 요 그 저 눈 으 로 만 바 라 봐 요
천 둥 같 은 한 - 숨 타 면 너 의 곁 에 닿 으 려 나

24 Dm AM7 A7 /C♯

- 나 는 너 의 음 - 악 이 - 고
-

27 D Dm/F AM7 A7

그 런 마 음 한 줄 - 이 야 - 때 가 되 면 네 - 마 음 - 에
때 가 되 면 네 - 귓 볼 - 에

NO COPY

DM7 Dm/F C#m7
31
시 퍼 렇 게 남 을 - 거 야 - 오 기 다 림 은
찬 란 히 매 달 릴 - 거 야 -
F#7 Bm E
34
1.
- 저 별 - 의 빛 - 우 주 를 건 - 너 는 - 달 음
AM7 D AM7
37
-
D AM7 D
40
너 에 게 하 고 픈 말 은
C#m7 F#7 Bm7 C#m7 Cm7
43
하 루 에 딱 반 씩 접 어 몇 밤 더 지 새 우 - 면 달 까 지 도 간

47
Bm7 | Bm
2.
– 대 | 우 주 를 건

50
Bdim/D | AM7 | D
– 너 는 – 달 음 –

53
C♯m | F♯7 | Bm7
오 기 다 림 은

56
C♯m7 Cm7 | Bm7 | C♯m7 Cm7
– 저 별 – – 의 빛 – 오 입 맞 – 춤 – 은 아 득 – 한 꿈

59
Bm7 | Dm | A
– 머 나 먼 우 – 주 를 – 건 너 – 너 는 나 의 메

62 A7 /C# D Dm/F

- 아 리 - 고 그 런 마 음 한 줄 - 이 야 -

65 A A7 /C# D

때 가 되 면 내 - 마 음 - 에 축 제 처 럼 열 릴

68 Dm/F C#m7 F#7

- 거 야 - 오 기 다 림 은 - 저 별 - 의 빛

71 Bm Dm AM7

- 우 주 를 건 - 너 - 온 - 그 한 - 달 음 -

75 D AM7 DM7

외딴섬 로맨틱

작사 최정훈
작곡 최정준, 최정훈, 김도형

모범 연주

A♭ /C D♭ E♭

4
A♭ D♭/A♭

어 느 외딴섬 로맨 틱 을 – 우

7
E♭/A♭ A♭ A♭7 D♭ B♭/D

리 꿈꾸다 떠 내 려 왔 나 때 마 –침노을 빛 이

10
A♭/E♭ C/E Fm B♭m7 E♭ A♭ E♭

아 름답 더니 캄 캄 한밤 이 오 더군 – 이 대

13 A♭ Cm7 D♭ D♭m

로 이 대로- 더 길 잃어도난 좋아- 노를저으 면 그소릴 난

16 A♭ F B♭m D♭m Cm7 F

들을 래- 쏟 아지는달빛에 - 오 - 살결을그을리고 - 먼옛 날의

19 B♭m7 E♭ D♭

- 뱃사 람을 닮 아 볼 래 - 그사 랑 을

22 A♭ /C D♭ E♭

25 A♭ D♭/F E♭

나

27
A♭ D♭/A♭ E♭/A♭

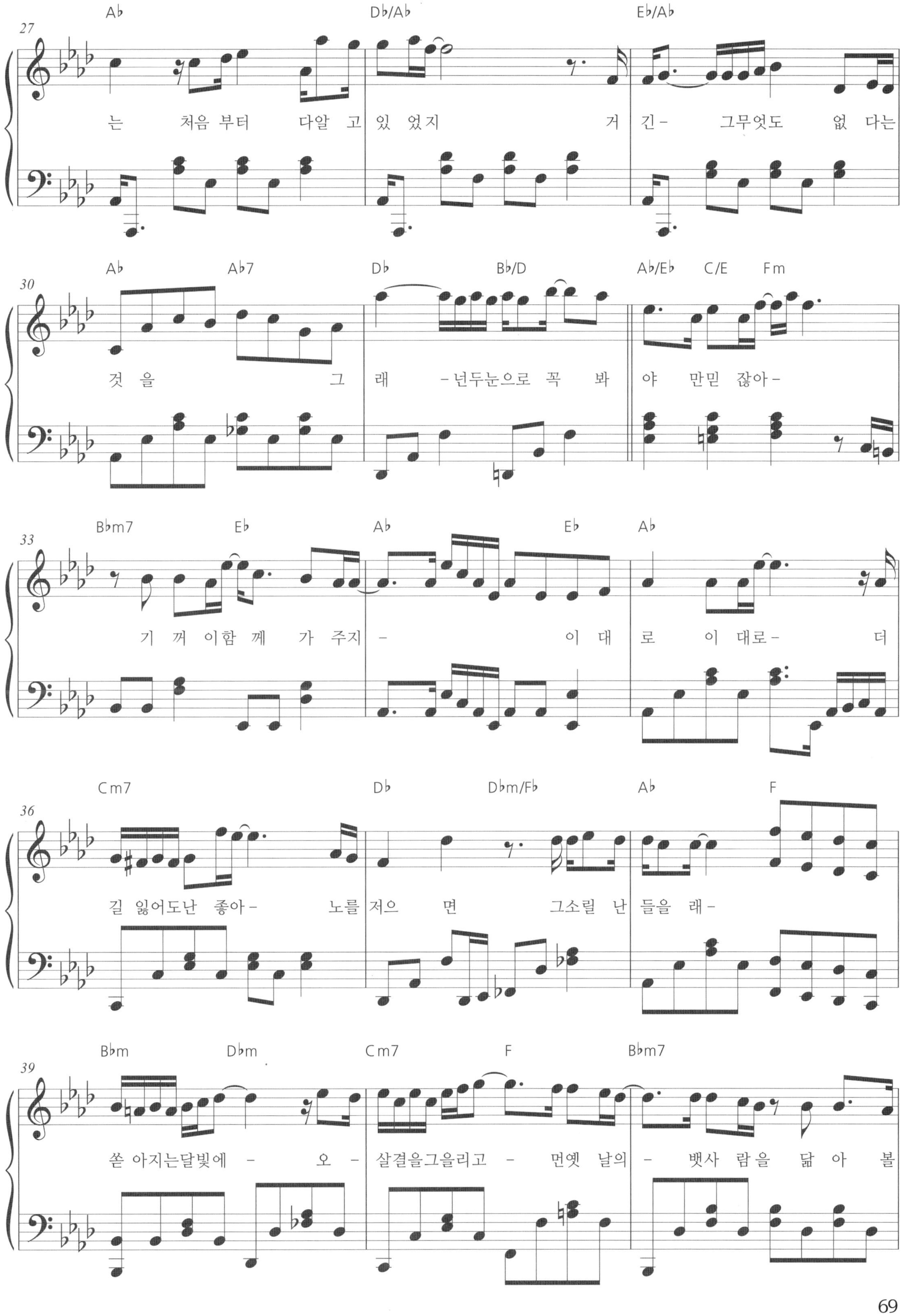

는 처음 부터 다알 고 있 었지 거 긴- 그무엇도 없 다는

30
A♭ A♭7 D♭ B♭/D A♭/E♭ C/E Fm

것 을 그 래 -넌두눈으로 꼭 봐 야 만믿 잖아-

33
B♭m7 E♭ A♭ E♭ A♭

기 꺼 이함 께 가 주지 - 이 대 로 이 대로- 더

36
Cm7 D♭ D♭m/F♭ A♭ F

길 잃어도난 좋아- 노를 저으 면 그소릴 난 들을 래-

39
B♭m D♭m Cm7 F B♭m7

쏟 아지는달빛에 - 오 - 살결을그을리고 - 먼옛 날의 - 뱃사 람을 닮 아 볼

42
E♭ Fm7 E♭/G C | Fm C/E

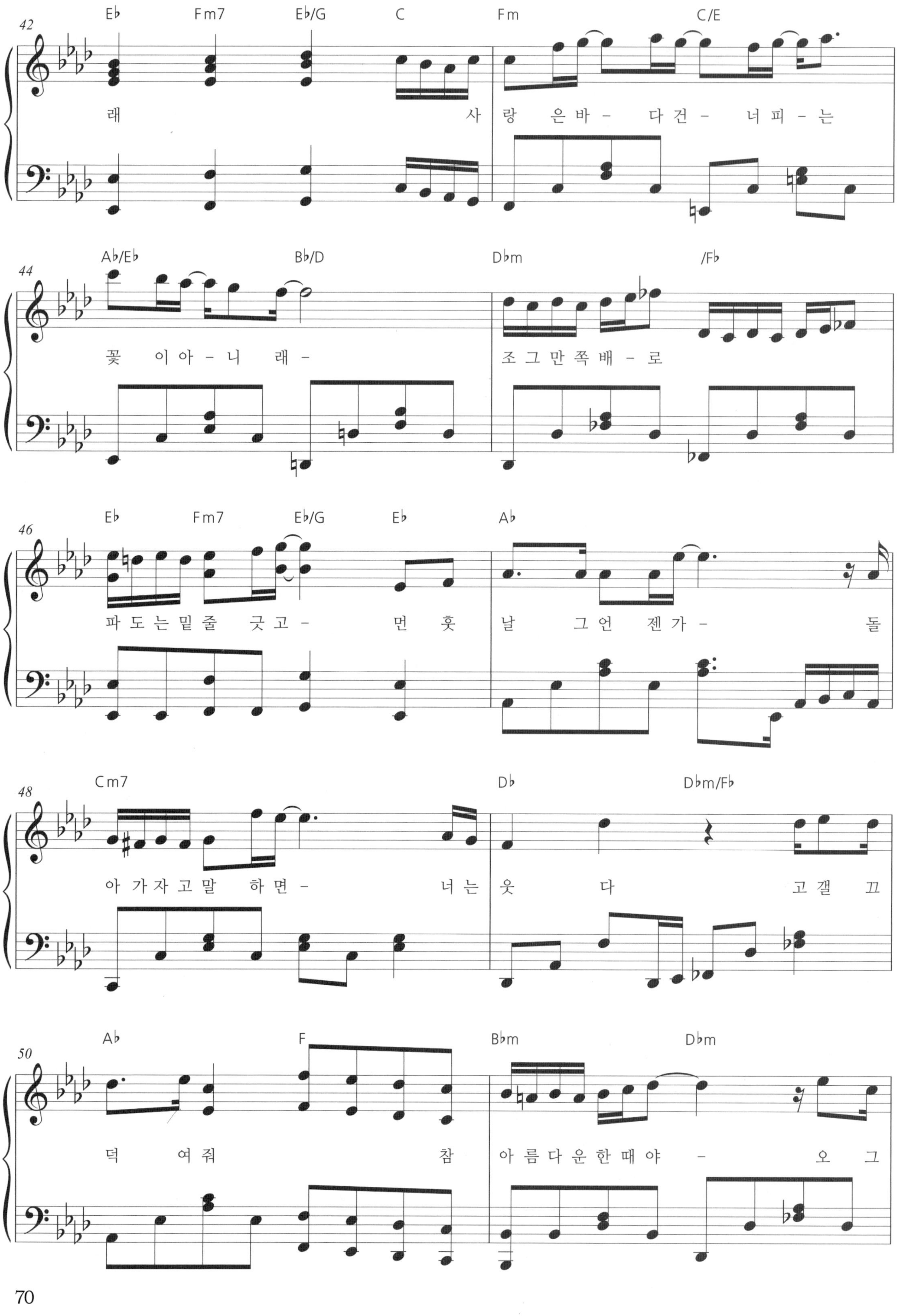

래 사 | 랑 은바 – 다건 – 너피 – 는

44
A♭/E♭ B♭/D | D♭m /F♭

꽃 이아 – 니 래 – | 조그만쪽배 – 로

46
E♭ Fm7 E♭/G E♭ | A♭

파도는밑줄 긋고 – 먼 훗 | 날 그언 젠가 – 돌

48
Cm7 | D♭ D♭m/F♭

아가자고말 하면 – 너는 | 웃 다 고걜 끄

50
A♭ F | B♭m D♭m

덕 여줘 참 | 아름다운한때야 – 오 그

52 Cm7 F9 B♭m7 E♭7

노 래 를 들 려 주 렴 - 귓 가 에 피 어 날 사 - 랑 노 -

54 A♭ /C

- 래 를 -

56 D♭ A♭/C D♭ Cm7 Fm7 B♭m7 E♭7

59 A♭ A♭/C D♭ A♭/C D♭ A♭/C Fm7

62 B♭m7 E♭7 A♭

가을밤에 든 생각

작사 최정훈
작곡 최정준, 최정훈, 김도형

모범 연주

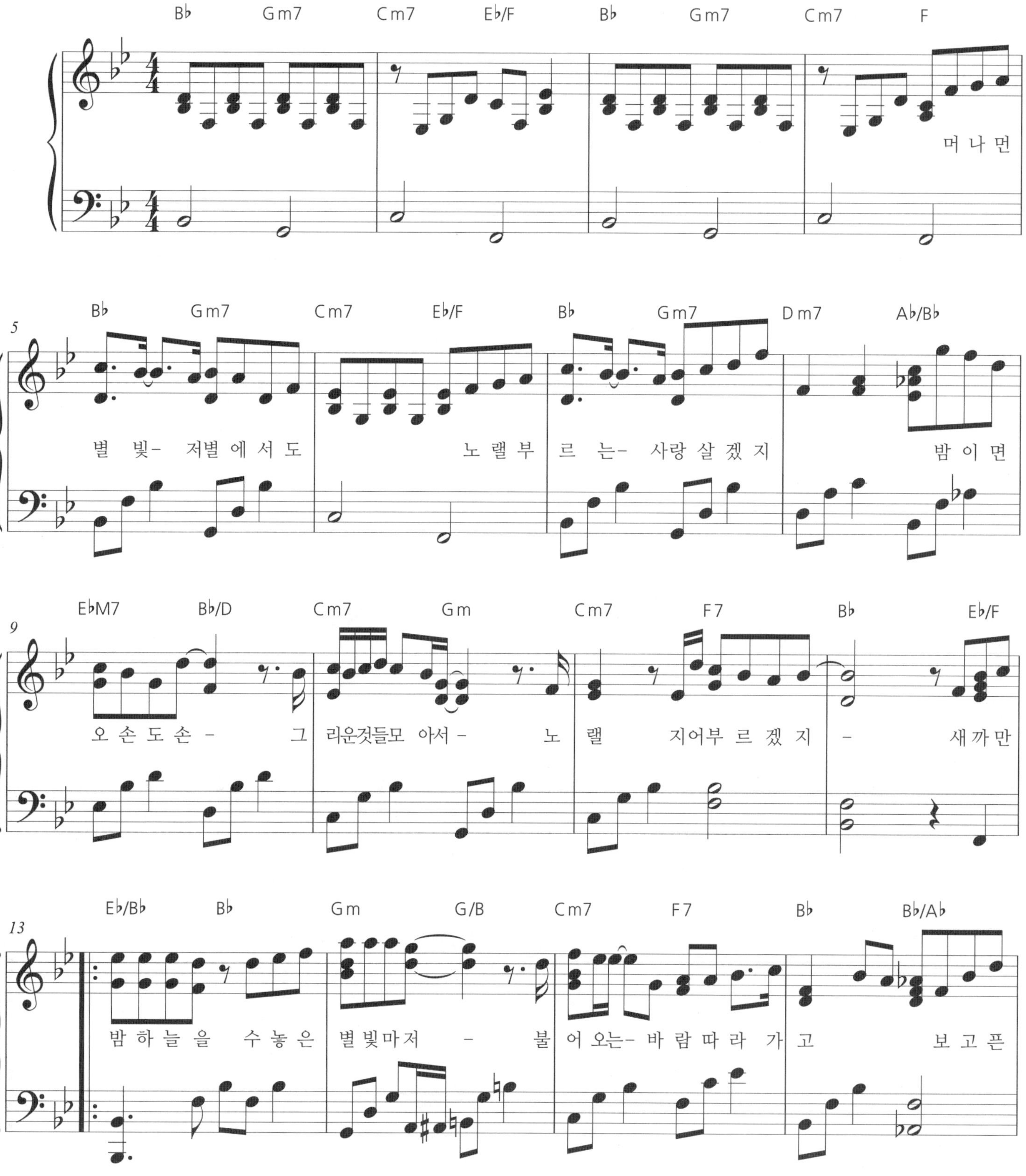

B♭ Gm7 Cm7 E♭/F B♭ Gm7 Cm7 F

머 나 먼

5
B♭ Gm7 Cm7 E♭/F B♭ Gm7 Dm7 A♭/B♭

별 빛- 저별 에 서 도 노 랠 부 르 는- 사랑 살 겠 지 밤 이 면

9
E♭M7 B♭/D Cm7 Gm Cm7 F7 B♭ E♭/F

오 손 도 손 - 그 리운것들모 아서 - 노 랠 지어부 르 겠 지 - 새 까 만

13
E♭/B♭ B♭ Gm G/B Cm7 F7 B♭ B♭/A♭

밤 하 늘 을 수 놓 은 별 빛마저 - 불 어 오는- 바 람 따 라 가 고 보 고 픈

17
E♭/G E♭m/G♭ B♭/F E dim B♭/F

그 대 생 각 짙어 져 가 는 – 시 월 의 아름 다 운

20
E♭/F F B♭ G m7 C m7 F 7

1.

이 밤에– 부 르 다

23
B♭ G m7 C m7 E♭/F B♭ G m7

보 면– 어제 가 올 까 그 립 던 날 이– 참많 았 는 데

26
D m7 A♭/B♭ E♭M7 B♭/D C m7 G m

– 저 멀 리 반 짝 이 다 – 아 련히멀어져 가는– 너

29
C m7 F 7 B♭ G m7 C m7 F7sus4

는 작은 별 같 아 – Fare well – Fare well – 멀 어 져 가 는

Bb Gm7 Cm9 F7sus4 F7sus4

32 2.

– Fare well ooh – – – 새 까 만 이 밤에 – 수 많 은

Bbsus4 Bb Gm7 G7 Cm7 F7

35

바 람 불 어 온 대 도 – 날 려 보 내 – 진 않 을

Bb Bb7/Ab Eb/G Ebm/Gb Bb Edim

38

래 잊 혀 질 까 두 려 워 곁을 맴 도 는 – 시 월

Bb/F F7sus4 F Bb Gm7 Cm7 F7

41 3 3

의 아름다운 이 밤을 – 기 억 해 주 세요 –

Bb Gm7 Cm7 F7 Bb

45

Fare well – Fare well

Sing Version

반주 버전

로켓트
초록을 거머쥔 우리는
나의 기쁨 나의 노래 (Intro)
사랑하긴 했었나요 스쳐가는 인연이었나요
짧지 않은 우리 함께했던 시간들이
자꾸 내 마음을 가둬두네

로켓트

작사 최정준, 유영현, 최정훈, 김도형
작곡 최정준, 유영현, 최정훈, 김도형

9
Gm /B♭ A7 D7 Gm7 /F
– 라 리 라 라 라 – 라 – 라 – 라 라 리 라 라 라

12
E♭7 Daug7 D G♭m /B♭ A7 Daug7
1.
– 라 – 라 – Hey – se-xy la-dy 저 빛 나 는 달 위 에 –

15
G♭m /B♭ E♭7 D7 Gm /B♭
Oh se-xy la-dy – 우 리 둘 은 토 끼 한 쌍 꿀 발 린 – –

18
A7 D7(♭9) Gm /F E♭7 D7
달 마 냥 – 끈 적 하 게 – 이 밤 을 또 밝 혀 주 리 라 –

21 C G B7 Em7 G/D A7

그 댄 – 나의 U-ni-verse – 힘 찬 나 의 로켓트 – 저 멀 – 리날보내줘 –

24 D7 Gm

Love love love love love Hey – se-xy la - dy 그

27 Adim7 Daug7 Gm /F E♭ D7 Gm /B♭

대 그 뒷 모 습이 – Oh se-xy la - dy – 난 너무도눈이부셔 무 릎 을 – –

31 A7 D7 Gm /F E♭7 D7

꿇 고 서 – 경 건 하 게 – 두 손을그허리춤으로 –

34
C G B7 Em7 /D A7
그 댄 – 나의 U-ni-verse – 힘 찬 나 의 로켓트 – 저 멀 – 리날보내줘 –

37
D7 G D/F Em7 Bm7
Love love love love love

41
C G A7 D7 G D/F♯
그 댄 – 나의 U-ni-verse –
rit. *a tempo*

45
Em Bm C G FM7
힘 찬 내 로켓트 – 3 2 1 Go Fly me to the moon

48

D Gm /B♭

– – 라 리 라 라 라

51

A7 D7 Gm7 /F E♭7 Daug7

– 라 – 라 – 라 라 리 라 라 라 – 라 – 라 –

54

D7

58

D7 D♭/E♭ A♭ C7

Give me some love 저 달을 밝히려면 필요한

62
Fm7 Db Ab
전 기 Lo - ve love 너 와 내 가 알 콩 달 콩 돌 리 는

65
C7 Fm7 Db Cm Bbm
그 럴 싸 한 자 가 발 전 기 – Love love lo - ve

68
Ab C7 Fm7 Db
따 리라– 라 라 – 라 라 – 라 따 리라– 라 라 – 라 라 – 라

72
Ab C7 Fm7 Db Ab/C Bbm Ab
따 리라– 라 라 – 라 라 – 라 따 리라– 라 라 – 라 라 – 라 Love

초록을 거머쥔 우리는

작사 잔나비 JH
작곡 잔나비 JJ, 잔나비 JH

7 C G/B Am7

– 대 요 – 눈 여 겨 둔 별 에 누 우 면

10 AmM7 Am7 D7

– 팔 베 개 도 스 르 르 르 – 르 르 그 애 의

13 G Dm7 G7 D♭7(♯11) CM7

– 몸 짓 은 – 계 절 을 묘 사 – 해 요 –

16 Cm G/B Am7 G/B C A7/C♯

자 꾸 만 나 풀 나 풀 대 는 – 데 단 번 에 – 봄 인 걸 알 았 어 요

20

Dsus4 D G Dm G7 D♭7(♯11)

– 이 런 내 마 음 은 – 부 르 지 도 못 할 – 노 래 만

23

CM7 Cm6 Bm7 /F

잔 뜩 – 담 았 네 – 마 땅 한 할 일 도 – 갈 곳 도

26

Em7 E7/G♯ Am7 D7sus4

모 른 채 – 로 꼭 그 렇 게 서 있 었 네 –

29

GM7 CM7 GM7

When I see her – smile oh dis – tant light

32 D9sus4 G Dm7 G7 D♭7(♯11)

저 는 요 - 사 랑 이 - 아 프 - 지 않 았

35 CM7 Cm G/B Am7

음 해 요 - 기 다 림 은 순 진 한 속 마

38 G/B C A7/C♯ Dsus4 D

- 음 - 오 늘 도 - 거 리 에 서 있 어 요 - 이 런 내

41 G Dm7 G7 D♭7(♯11) CM7

마 음 은 - 부 르 지 도 못 할 - 노 - 래 만 잔 뜩 - 담 았 네

44 Cm6/E♭ Bm7 Em7 E7/G♯

– 마 땅 한 할 일 도 – 갈 곳 도 모 른 채 – 로 꼭

47 Am7 D7 G7/F

그 렇 게 서 있 었 네 – 달 아 나 는 빛

50 E7 Cm Cm6/E♭

– 초 록 – 을 거 머쥐고 그 많 던

53 G/D E7 Am7

내 모 습 기 억 – 되 리 – – ohh –

56 E♭7sus4 *flute* A♭ E♭m7 A♭7 D7(♯11)

ah 오 월 의 하 늘 은 - 푸르 던 날 들 로 - 내 - 몰 린

59 D♭M7 D♭m6/F♭ Cm7

젊 은 - 우 리는 - 영 원 한 사 랑 을 - 해 본 사

62 Fm7 F7/A B♭m7 E♭7sus4

람 들 처 - 럼 꼭 그 렇 게 웃 어 줬 네 -

65 A♭M7 D♭M7 A♭M7 D♭M7

When I see her - smile oh dis - tant light -

나의 기쁨 나의 노래 (Intro)

작사 잔나비 JH
작곡 잔나비 JJ, 잔나비 YH, 잔나비 JH, 잔나비 DH

모범 연주

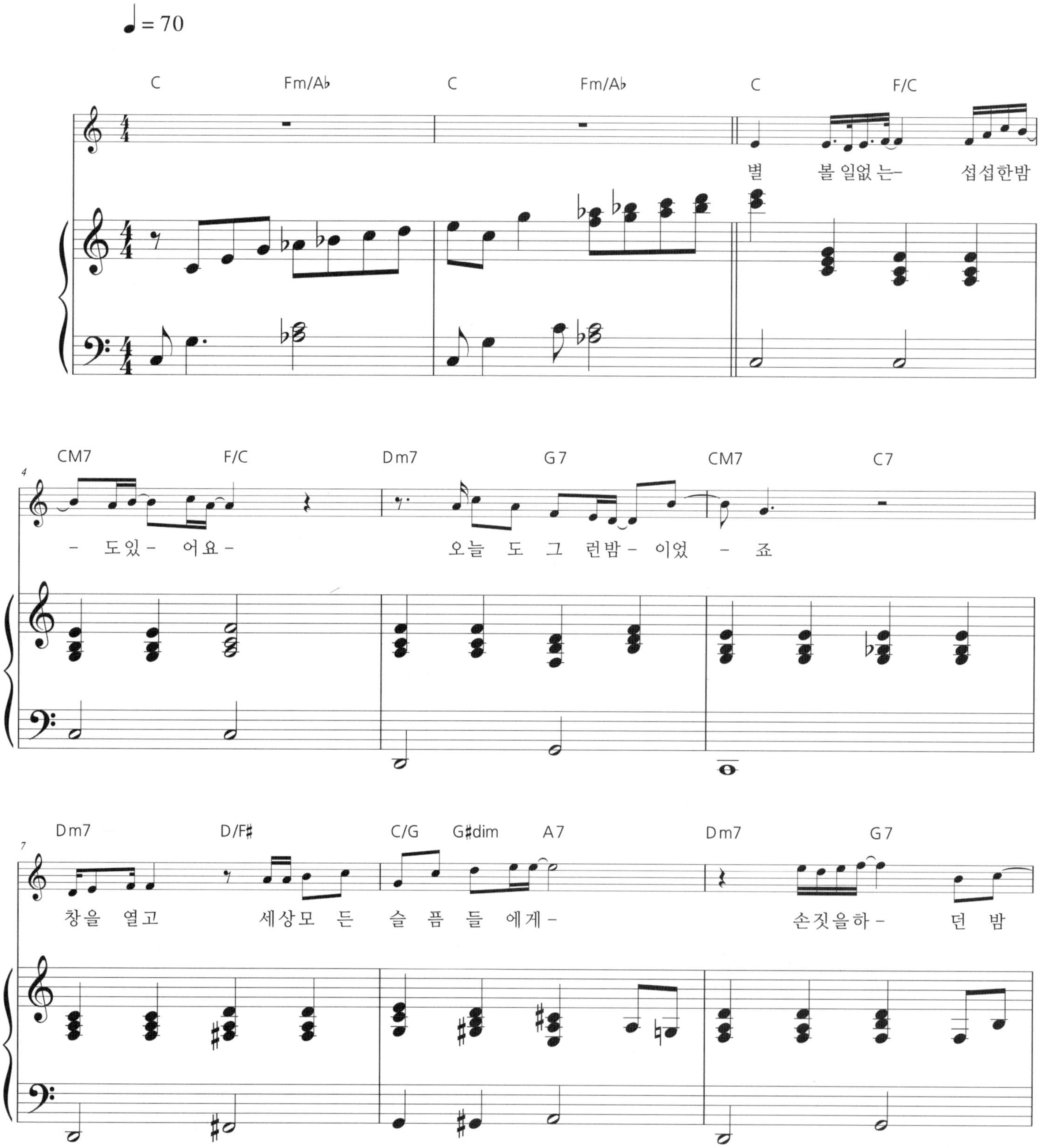

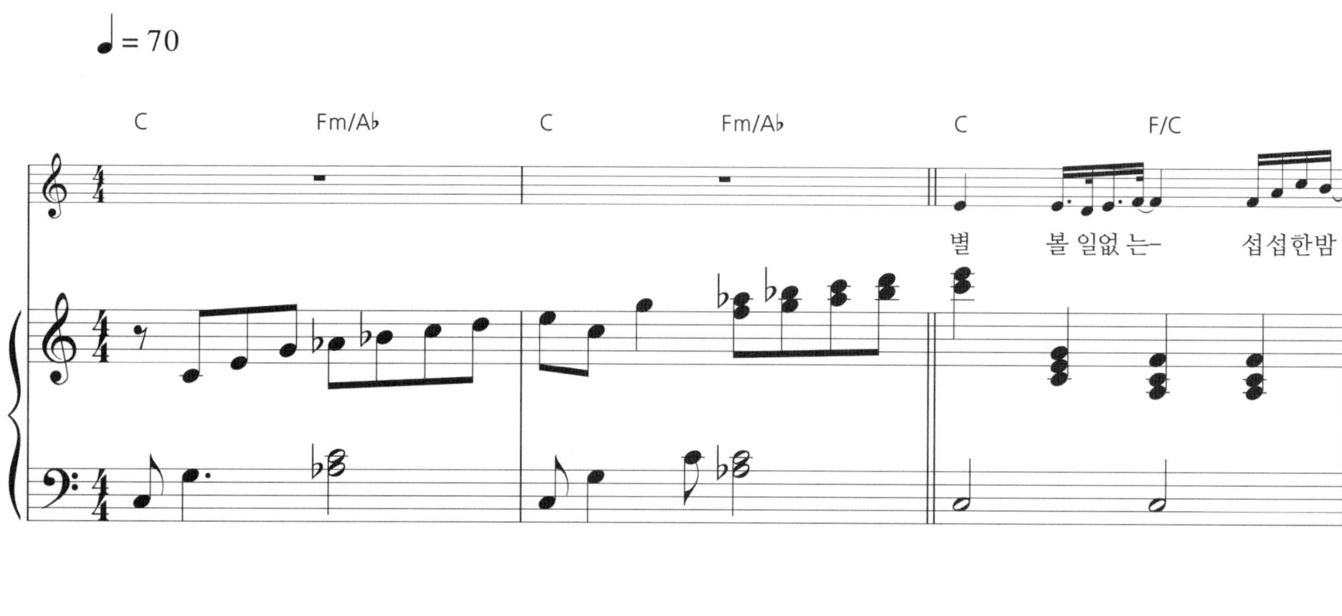

4 CM7 F/C Dm7 G7 CM7 C7

- 도있 - 어요 - 오늘 도 그 런밤 - 이었 - 죠

7 Dm7 D/F♯ C/G G♯dim A7 Dm7 G7

창을 열고 세상모 든 슬 픔 들 에게 - 손짓을하 - 던 밤

C Fm C Fm C F/C

10

\- 노 래가되고 - 시가될

CM7 F/C Dm7 G7 CM7 C7

13

수 있을 - 만큼 - 그만 큼 만 내게 - 오 - 길

Dm7 D/F# C/G G#dim7 A7 Dm7 G7

16

뒤척 이다 잠못들 던 밤 이 있 는한 - 닿을수있 - 어 요

C Fm/C C F/G G C CM7

19

\- 나 의 기 쁨

8vb

22
C7 /E /G Fadd2 D/F♯ G E7/G♯

나 의 노 래 되 어 – 날 – 아 – – 가 – – – – 거 리 –

25
Am E/G♯ C/G D/F♯ C/G G7

를 나 뒹 구 – 는 우후우 – 쉬운 마음 되 어 – –

29
C Fm/C C Fm/C C F/C

라 이 삐걱이는 – 잠자리가

32
CM7 F/C Dm7 G7 C C7

– 난좋 – 아요 – 제맘 을 알수 있 – 나 – 요

35
Dm7/F D/F♯ C/G G♯dim A7 Dm7 G7
버려 지지 않고서 는 가 질 수 없는 – 마음이 있 어 요

38
C Fm/C C F/G G C CM7
– 나 의 기 쁨
8vb

41
C7 /E /G Fadd2 D/F♯ G E7/G♯
나 의 노 래 되 어– 날 – 아– – 가– – – – 거 리 –

44
Am E/G♯ C/G D/F♯ Dm7 C/E
를 헤 집 으 – 며 우후우 텅빈 – 눈 – 과– – – –

47 F G F/A G/B C CM7

헛 된 맘 - 과 또 다 시 싸 워 이 길

8vb

50 C7 /D♯ /E /G F D/F♯ G E7/G♯

나 의 기 쁨 나 의- 노 래 - 야- - - - - 거 리 -

53 Am E/G♯ C/G D/F♯

를 나 뒹 구 는 우후우 - - 쉬운

8va 8va

56 C/G G7 C Fm C Fm C

마음 되 - 어-- - 라

사랑하긴 했었나요 스쳐가는 인연이었나요
짧지 않은 우리 함께했던 시간들이 자꾸 내 마음을 가둬두네

작사 잔나비 JJ, 잔나비 YH, 잔나비 JH, 잔나비 DH
작곡 잔나비 JJ, 잔나비 YH, 잔나비 JH, 잔나비 DH

10
B♭ A /C♯ Dm Bdim B♭ A /C♯

불 을 질 렀 나 누 가 내 심 장 에 다 못 을 박 았 나

13
Dm Bdim B♭ A /C♯ Dm Bdim

그 대 의 눈 빛 은 날 얼 어 붙 게 해 그 대 여 다 시 내 게

16
B♭ A /C♯ B♭ A /C♯

마 음 을 주 오 오 Ooh ooh Ba - by I need - you -

𝄋
19
Dm Gm7 C F C/E Dm Gm7

사랑하긴했었나요 스쳐 가는인연이었나요 - 짧지 않은우리함께했던시간들이 자꾸

NO COPY

22
C F Dm Gm7 C7 F C/E
내마음을가둬두네 – Love you love you love a-gain – Love a - gain with you – 짧지
25
Dm Gm7 C7 F /E Dm
않은우리함께했던시간들이 자꾸 내마음을가둬두네 – Ooh ooh Ba - by I need
28
Gm C A/C♯ Dm Bdim B♭ A /C♯
– you – 당 신 은 도 대 체 가 누 구 시 길 래
31
Dm Bdim B♭ A /C♯ Dm Bdim
당 신 께 내 가 무 슨 죄 를 졌 길 래 쉽 사 리 내 맘 을 준

34
B♭ A /C♯ Dm Bdim B♭ A /C♯
죄 밖엔없 는 데 내 님 아 다 시 내 게 믿 음 을 주 오 오

37
B♭ A /C♯
Ooh ooh Ba - by I need – you –

B♭add2
맘 같아 선 – 널내방 에

D.S. al Coda

40
Fadd2 Dm7 G/B G7/B
가 두 고 – 널 내 품 에 안 고 서– – – – – 내 가

43
Gm F A7 /C♯
어쩌 다 이지경 에 이런 몹쓸생각까지하는지 – 찬물 마 시고– 정신차 리자– 어차피 넌떠났 으–니

47
Dm Gm7 C F Dm Gm7 C F

까

51
Dm Gm7 C7 F C/E Dm Gm7 C F /E

사랑하긴했었나요 스쳐 가는인연이었나요- 짧지 않은우리함께했던시간들이 자꾸 내마음을가둬두네-

55
Dm Gm7 C7 F C/E Dm Gm7 C7 F /E

Love you love you love a-gain- Love a-gain with you- 짧지 않은우리함께했던시간들이 자꾸 내마음을가둬두네-

59
Dm Gm7 C7 F C/E Dm Gm7 C7 F

Love you love you love a-gain- Love a-gain with you--- yeah Love you love you love a-gain- love a-gain-with you

부록

with 최정훈
우린 그렇게 사랑해서

잔나비 명곡 메들리

뜨거운 여름밤은 가고 남은 건 볼품없지만
She
HONG KONG
November Rain
주저하는 연인들을 위해

우린 그렇게 사랑해서

작사 최정훈, 강민경
작곡 이병호, 최수지, 이형규, 강민경

14
C♯m7 /B A E/G♯ F♯m7 B7

를 바라–보 며– 매 일 – 두손 모아– 하 늘 에빈–다 고 우
의 그마–지 막– 이 젠 – 선명 하게– 다 알 것같–았 어 그

17
G♯7 /C C♯m7 /B A E/G♯

리 둘 의– 시간–이 영 – 원하길– 그게 참 아팠–는 데– 그립
래 우 린– 그렇–게 사 – 랑해서– 뻔한 이 별마–저 도– 우리

20
F♯m7 B7 E G♯m7 A G♯m7

기 도하–더 라– 둘이가던 – 둘이만알 던 수많은거 – 리그–위–로– 하루하루
다 웠던–거 야–

23
F♯m7 B7/D♯ Am/E E /D♯ C♯m7 G♯m7/B

– 쌓 여만가던– 소중했던추 – 억그–위–로– 우 리 다 시돌–아 갈– 수있–을 까

26
A E/G♯ F♯m7 B7 E /D♯

1.

– 알 아– 결 코 닿 3 을 수없–는 시 절의– 우 리

C#m7 B7 F#m7 B7 E /G#

29 2.

그때 올 수없-는 시 절 의 우 리

Am E/G# F#m7 Faug B/D# B7

32

그 -때의-우 리 - -처 럼- 둘이가던

E G#m7 A G#m7 F#m7 B7/D#

35

둘이만알 던어 설프던풍 - 경그-위-로- 자라나고 - 쌓여만가던- 어리숙한모

Am/E E C#m7 /B A E/G#

38

- 습그-대-로- 이 제 다 시돌-아 가- 면어-떨 까 - 그 래- 결코보

F#m7 B7 E /D# C#m7 Am7 Eadd2

41

낼 수없-는 시 절의- 우 리

잔나비 명곡 메들리

모범 연주

♩= 80

E♭ B♭/D Cm7

4 Cm7 Fm7 E aug A♭/E♭

7 A♭m B♭ A♭ Gm Fm E♭ B♭/D

10 B♭m C7 Fm7 E aug A♭/E♭ B♭7

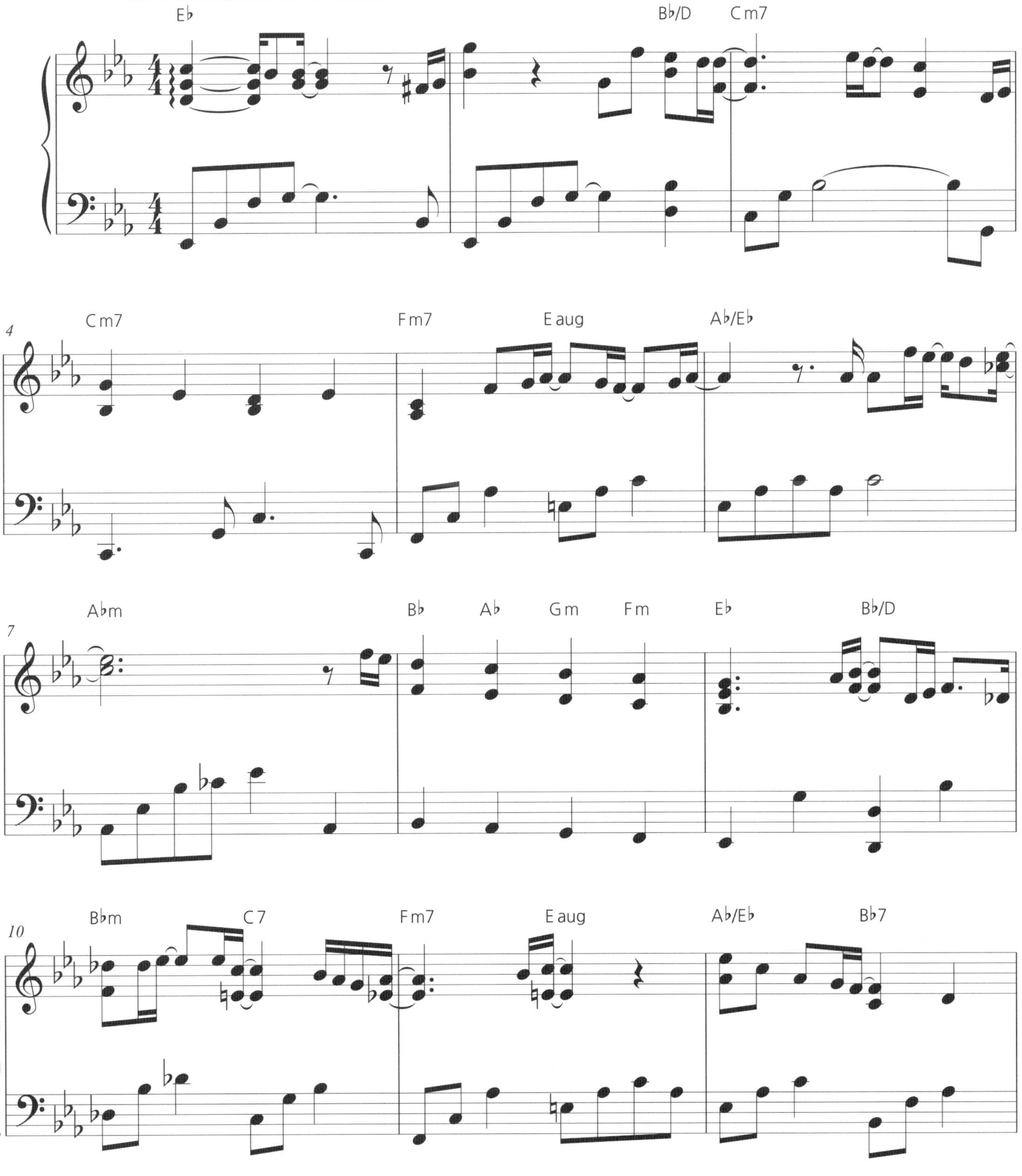

13 E♭ B♭/D G dim/D♭ C7 F m A♭m B♭7

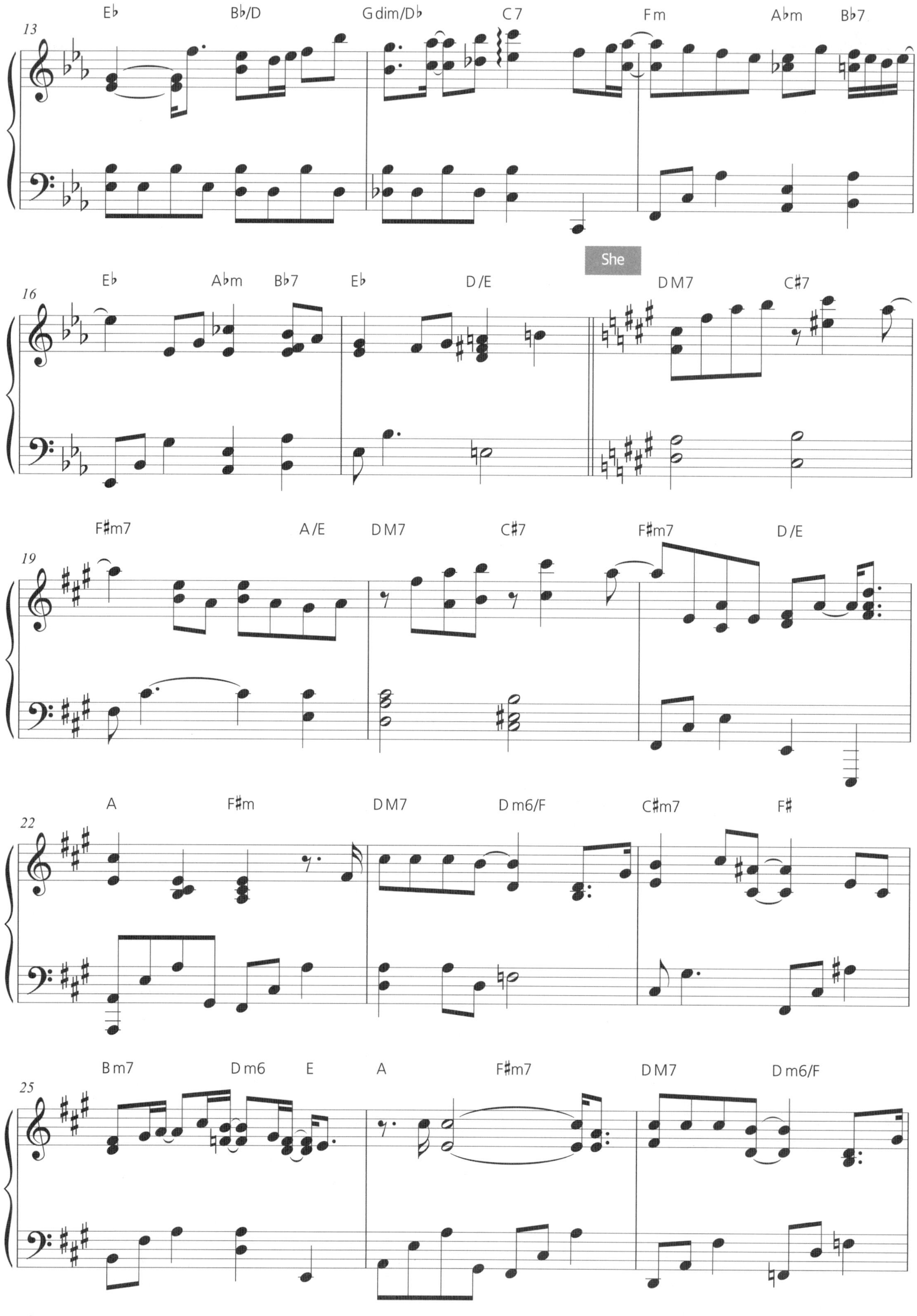

She

16 E♭ A♭m B♭7 E♭ D/E D M7 C♯7

19 F♯m7 A/E D M7 C♯7 F♯m7 D/E

22 A F♯m D M7 D m6/F C♯m7 F♯

25 B m7 D m6 E A F♯m7 D M7 D m6/F

28 C#m F#7 Bm7 Dm E7

HONG KONG

31 A C11 F

34 F Gm7

37 F Gm7

40 Gm7 F C/D

43 G B7 Em G/D

46 Cadd2 G B7

49 Em G/D Cadd2 G D/F♯

52 Em G7/D C Cm/E♭

55 G D/F♯ Em G7/D C

58
Cm7/E♭ Gadd2 F7

주저하는 연인들을 위해

61
B♭ D7(♭9) Gm7 A♭/B♭ E♭ E♭m6 B♭

65
E♭M7 A7 Dm Gm7 E♭M7 C/E F7

69
B♭ D7(♭9) Gm7 A♭/B♭ E♭ E♭m6 B♭

73
E♭M7 A7 Dm7 Gm7 E♭M7 F7(♭9) B♭

rit.

부록

왈츠 버전

주저하는 연인들을 위해

주저하는 연인들을 위해 (왈츠 버전)

작사 잔나비 JH

작곡 잔나비 JJ, 잔나비 YH, 잔나비 JH, 잔나비 DH

모범 연주

B♭ /A /G /A

8va

5 B♭ /A /G /A

(8va)

9 B♭ /A /G /A

13 B♭ Dm/A

17
Eb/G
Ebm/Gb
Bb/F

21
Ebm/Gb
Bb/F
G7

25
Cm9
Ebm/Gb
F7

29
Bb
Dm/A

33
Eb
Ebm/Gb
Bb/F
Bb7/Ab

37 E♭ E♭m/G♭ B♭/F G7

41 Cm9 F7 B♭

45 B♭ D7(♭9) Gm B♭7

49 E♭M7 F7/E♭ B♭/D *8va* B♭7

53 E♭M7 A7 Dm7 Gm

57 Cm9 C9/E E♭6/F F/A E♭/G

61 B♭ D7(♭9) Gm B♭7/F

65 E♭M7 F7/E♭ B♭/D 8va B♭7

69 Em7♭5 A7 Dm7 Gm7

73 Cm9 F B♭ 1.

77
E♭ A7 Dm Gm7
8va

81
Em7♭5 Cm7 F7 B♭
(8va)

85
B♭ Dm/A

89
Dm/A E♭ E♭m/G♭ B♭/F

93
B♭7/A♭ E♭/G E♭m/G♭ Dm/F

97 G7 11 Cm9 F

101 B♭ F/A E♭/G B♭ B♭ 2.

105 B♭ /A

109 Gm B♭/F E♭

113 F7sus4 F B♭ /A

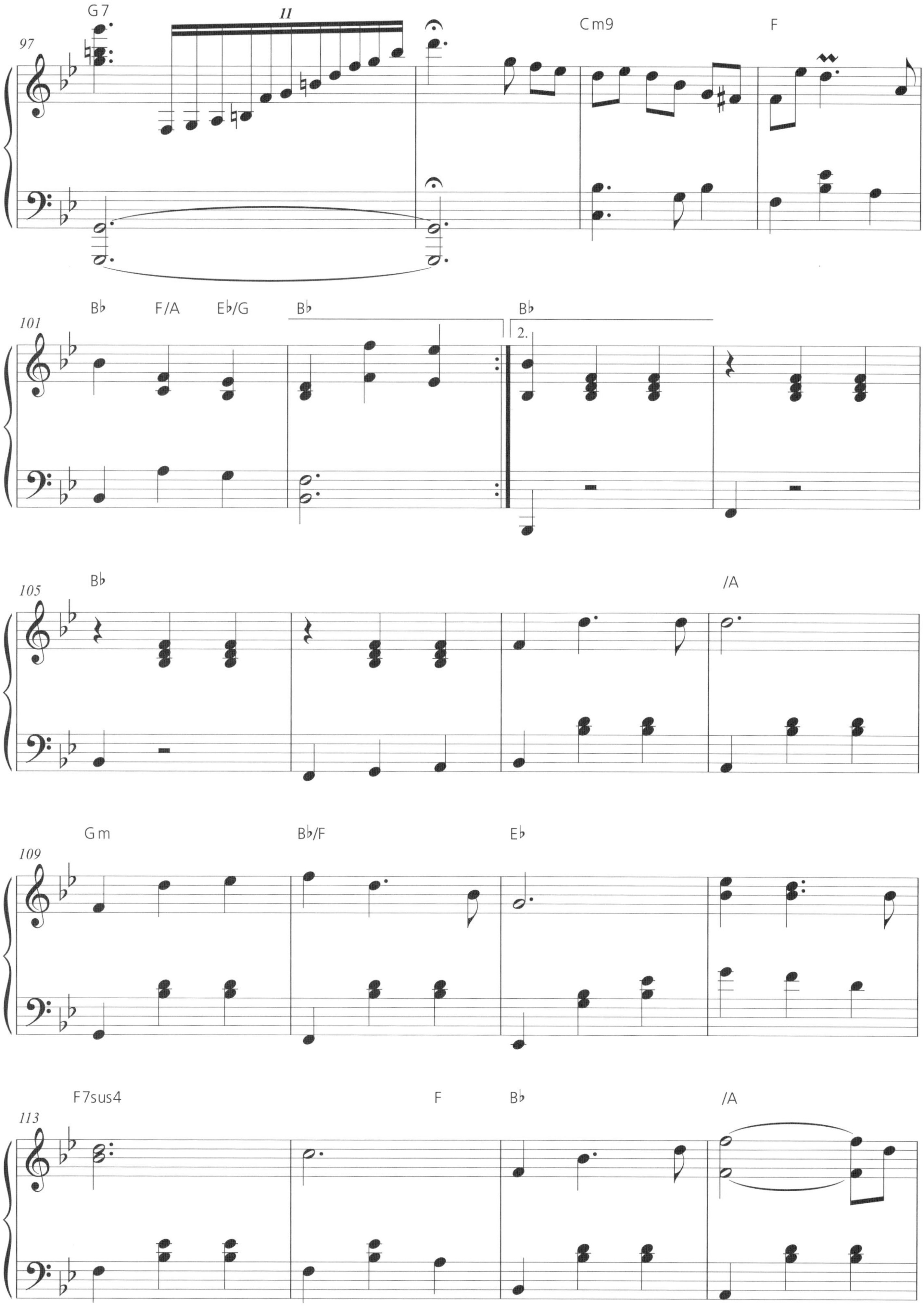

117 Gm B♭/F E♭

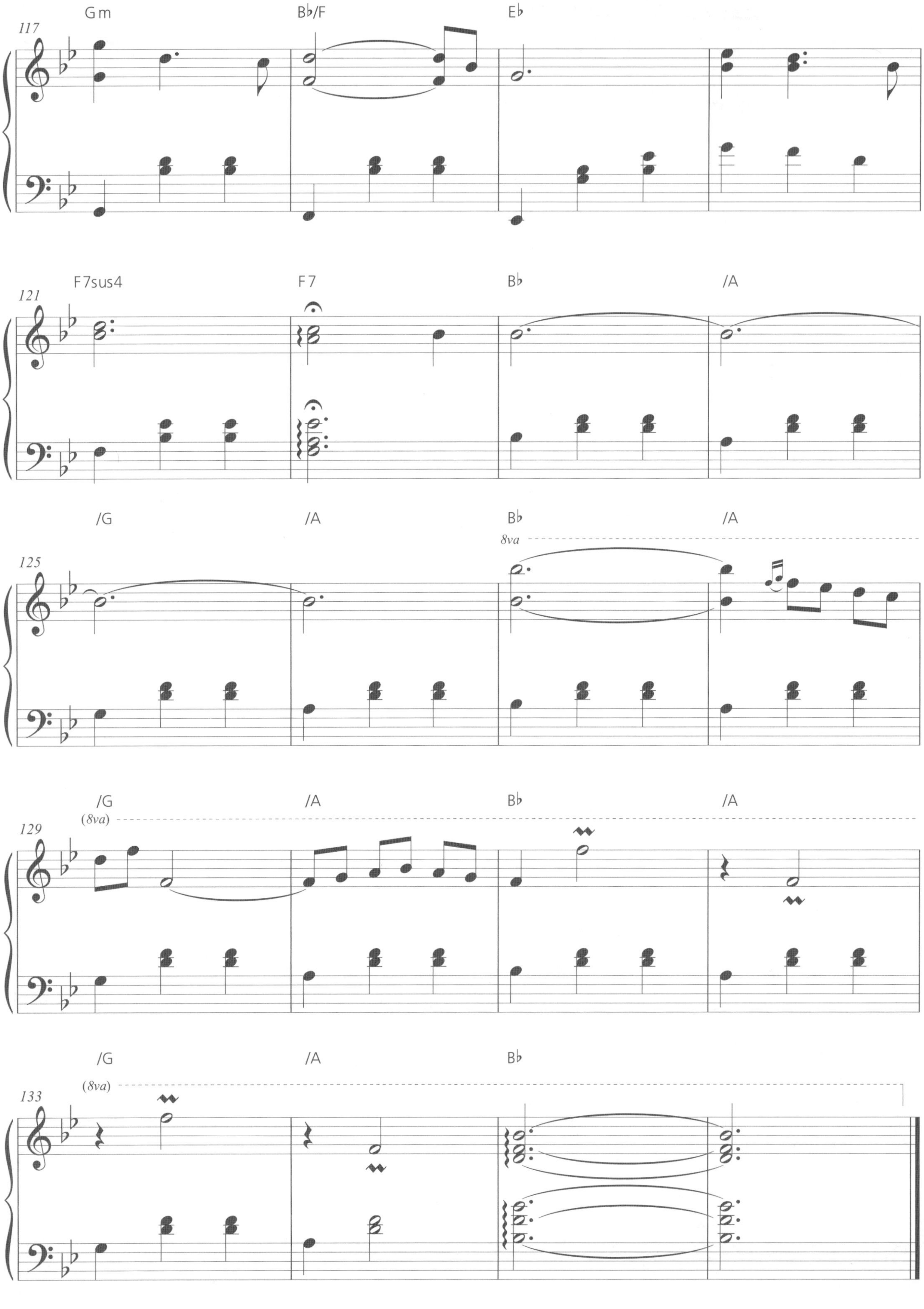

121 F7sus4 F7 B♭ /A

125 /G /A B♭ /A
8va

129 /G /A B♭ /A
(8va)

133 /G /A B♭
(8va)

부록

연탄곡

외딴섬 로맨틱 (4 Hands)

외딴섬 로맨틱 (4 Hands)

작사 최정훈
작곡 최정준, 최정훈, 김도형

모범 연주

2nd

1st
A♭
/C
D♭
E♭
A♭
8va
5
A♭
(8va)
D♭/A♭
E♭/A♭
A♭
A♭7
3
9
D♭
(8va)
B♭/D
A♭/E♭
C/E
Fm
B♭m7
E♭
A♭
13
A♭
(8va)
Cm
D♭
D♭m/F♭
A♭
F

2nd

17 B♭m D♭m Cm7 F7 B♭m7

20 E♭ D♭ A♭ /C

23 D♭ E♭ A♭

26 D♭/F E♭ A♭ D♭/A♭ E♭/A♭

30 A♭ A♭7 D♭ B♭/D A♭/E♭ C/E Fm

1st

17 (8va)
B♭m D♭m Cm7 F7 B♭m7

20 (8va)
E♭ D♭ A♭ /C

23 (8va)
D♭ E♭ A♭

26 (8va)
D♭/F E♭ A♭ D♭/A♭ E♭/A♭

30 (8va)
A♭ A♭7 D♭ B♭/D A♭/E♭ C/E Fm

2nd

Bbm7 Eb Ab Eb Ab

33

Cm Db Dbm/Fb Ab F

36

Bbm Dbm Cm7 F7 Bbm7

39

Eb Fm7 Eb/G C Fm C/E Ab/Eb Bb/D

42

Dbm /Fb Eb Fm7 Eb/G Eb Ab

45

1st

B♭m7 E♭ A♭ E♭ A♭

33 (8va)

Cm D♭ D♭m/F♭ A♭ F

36 (8va)

B♭m D♭m Cm7 F7 B♭m7

39 (8va)

E♭ Fm7 E♭/G C Fm C/E A♭/E♭ B♭/D

42 (8va)

D♭m /F♭ E♭ Fm7 E♭/G E♭ A♭

45 8va 8va

8va

2nd

48 Cm Db Dbm/Fb Ab F

51 Bbm Dbm Cm7 F7 Bbm7 Eb

54 Ab Eb Ab /C Db Ab/C

57 Db Cm7 Fm7 Bbm7 Eb7 Ab /C Db Ab/C

61 Db Ab/C Fm7 Bm7 Eb7 Ab

NO COPY

1st

Cm Db Dbm/Fb Ab F
48 (8va)
Bbm Dbm Cm7 F7 Bbm7 Eb
51 (8va)
Ab Eb Ab /C Db Ab/C
54 (8va)
Db Cm7 Fm7 Bbm7 Eb7 Ab /C Db Ab/C
57 (8va)
Db Ab/C Fm7 Bbm7 Eb7 Ab
61 (8va)

장소라

칸타빌레북스 출판사 대표, 스코어 프로듀서
문화예술서적 기획자, 음악작가, 기자
Kocaca 문화기반연구소, KMCAband 한국다문화연대

저서
- 피아노로 연주하는 드라마 OST (tvN 드라마 <선재 업고 튀어> OST)
- 임영웅 IM HERO 악보집
- 김호중 우리가(家) 악보집
- 미스&미스터트롯 히트송 모음집
- 잔나비 JANNABI 피아노 연주&반주곡집
- 아이유 IU 피아노 연주&반주곡집
- 엘튼존 Elton John (Rocketman OST) 피아노 연주&반주곡집
- 워너원 Wanna One 피아노 연주곡집
- 라라랜드 LaLaLand OST 피아노 연주곡집

유튜브 채널 SORA감성건반
인스타그램 @llehspot

잔나비 베스트 피아노 연주곡집

발행일 2025년 03월 10일
저자 장소라

편집진행 황세빈, 전수아 · **디자인** 김은경 · **사보** 전수아
마케팅 현석호 · **관리** 남영애

발행처 (주)태림스코어
발행인 정상우
출판등록 2012년 6월 7일 제 313-2012-196호
주소 서울시 은평구 증산로 9길 32 (03496)
전화 02)333-3705 · **팩스** 02)333-3748

ISBN 979-11-5780-398-9-13670

JANNABI